Nogbou Kadjo Lucien

Approches pour une Intercession Efficace

Nogbou Kadjo Lucien

Approches pour une Intercession Efficace

Le Livre qui fait Exploser l'environnement spirituel pour le Bonheur Social par l'Eglise de Jésus-Christ

Éditions Croix du Salut

Imprint

Cover image: www.ingimage.com

Publisher:
Éditions Croix du Salut
is a trademark of
International Book Market Service Ltd., member of OmniScriptum Publishing Group
17 Meldrum Street, Beau Bassin 71504, Mauritius

Printed at: see last page
ISBN: 978-613-7-36563-2

APPROCHES
POUR UNE
INTERCESSION
EFFICACE

VERSION REVISEE

LE LIVRE QUI FAIT EXPLOSER
L'ENVIRONNEMENT SPIRITUEL
POUR LE BONHEUR SOCIAL
PAR L'EGLISE DE JESUS CHRIST

Dr. NOGBOU K. Lucien

Version originale 2ème trimestre 2012
ISBN : 978-2-9560776-2-6

Dépôt légal : N° 8276 du 13 Aout 2007
2ème trimestre 2012
Publié par la MCC (Mission de la Compassion de Christ)

Version révisée 3ème trimestre 2018
Editions Croix du Salut

Pour plus d'informations sur les livres et le ministère du Dr. Nogbou K. Lucien, veuillez écrire à luciennogbou@gmail.com
ou appeler aux numéros suivants :
+225 07198287/ +225 01895530
Visitez aussi notre site pour savoir ce que c'est que les MDH
(**Les Missionnaires Des Hôpitaux**)
www.missionmcc.net
www.missionnairemcc.simplesite.com
E-mail : missionnairemcc@gmail.com
+225 46755982

et l'ESOM
(**Ecole de Spécialisation à l'Œuvre du Ministère**)
www.missionmcc.net
www.formationesom.simplesite.com
E-mail : formationesom@gmail.com
+225 09533816

TABLE DES MATIERES

AVANT-PROPOS

Nous n'avons pas la prétention de maîtriser ce sujet ni de l'avoir épuisé. La prière est un domaine de la spiritualité qui est très délicat, et qui a poussé les disciples à demander au Seigneur Jésus Christ de leur apprendre à prier. « *Enseigne-nous à prier* », disent-ils (Lc11 :1).

Plusieurs avant nous ont déjà publié des ouvrages dans ce sens, et aujourd'hui encore, Dieu inspire beaucoup de ses serviteurs à mettre sur le marché des manuels sur ce sujet.

Notre intention est d'apporter une touche particulière ; une vision et une stratégie de l'intercession comme respiration à avoir en tant que enfants de Dieu dans notre marche, mais également une discipline et une reconnaissance de la place que l'intercession doit occuper dans une communauté chrétienne. Nous voulons également susciter de vastes mouvements et des réseaux de MI (Missionnaires Intercesseurs) à l'échelle locale, nationale, régionale et internationale.

Ce document sera alors d'une utilité à plusieurs niveaux s'il est utilisé avec beaucoup de méditation, c'est-à-dire une remise en cause de notre style et nos dogmes de prière. Vous comprendrez qu'il s'agit de mener une vie de prière en saisissant le rapport de l'exaucement et de la prière. C'est-à-dire que la prière entraine un exaucement, et nous devons y veiller.

Au plan personnel et individuel, l'utilisateur ou le lecteur de ce livre découvrira des réalités soit, jamais connues ou soit, se les rappellera lorsqu'il fera sa lecture et son étude, assisté du Saint Esprit. L'objectif essentiel à ce niveau est de pratiquer les vérités bibliques enseignées dans cet ouvrage avec l'assistance de notre conseiller par excellence le paraclet, l'Esprit de Dieu et de puiser un complément de connaissance révélée, quand à la portée de la prière dans notre marche chrétienne.

Pour une communauté chrétienne, il s'agira de revoir ses méthodes de prière communautaires et de faire disparaître la monotonie et l'amorphisme soufflés par Satan l'ennemi juré de la prière, assoupissement spirituel qui guettent

beaucoup d'églises locales en passe de stabilité, surtout que l'église est avant tout une communauté missionnaire.
Ce livre est un instrument qui leur permettra (aux leaders) de revoir la vie de prière communautaire, et de développer de nouvelles stratégies de prière en groupe ou en communauté pour le salut de ceux qui leur sont échus en partage.
Bonne lecture, mais surtout bonne méditation, sous la houlette du Saint Esprit et que Dieu vous bénisse!
« *Si vous savez ces choses, vous êtes heureux, pourvu que vous les pratiquiez.* » (Jn13 :17)

Dr. NOGBOU K. Lucien

REMRCIEMENTS

Que le nom du Seigneur Jésus Christ soit béni et glorifié au siècle des siècles dans la vie de tous ceux et toutes celles qui participent à l'avancement de l'œuvre de Dieu, d'une manière ou d'une autre.
Toute ma reconnaissance au Mouvement de Réveil de l'Eglise Méthodiste Unie « Bethesda » (Abidjan Niangon Sud, République de Côte d'Ivoire) pour son encouragement et son soutien permanant apportés lors de la rédaction de cette œuvre en 2006. En effet, ce Mouvement de Réveil a été le premier groupe ou la première communauté à recevoir le contenu de cet ouvrage au cours d'un séminaire, lorsqu'il était sous la houlette de Mme M'Boua Marie Thérèse, Prédicatrice à titrer. Que Dieu se souvienne d'elle et de ce mouvement pour tous les efforts fournis à cet effet!
Nos remerciements vont également à la famille N'Guessan pour le temps que Mme Chantal N'Guessan a sacrifié pour la saisie d'une partie du livre, ainsi que la famille Gnagne Maxime qui m'a assisté de façon appréciée en facilitant la saisie de l'ouvrage.
Que toutes celles et tous ceux qui, de loin ou de près n'ont manqué de prières pour nous soutenir reçoivent beaucoup de grâce de la part du Seigneur, sans oublier qu'une femme honorable et adorable a été ma *« nuit qui m'a porté conseil »*, celle qui mérite d'être congratulée pour le soutien régulier et permanent qu'elle représente dans mon ministère, mon adorée épouse Edith Nogbou, ainsi que mes formidables enfants Emmanuel, Priscille et Othniel Nogbou.

Soli Deo Gloria !

A Dieu seul la gloire !

INTRODUCTION

Nous avons fait des remarques au sujet de la prière. Lorsque nous prions, nous avons un objectif évident ; c'est que nous souhaitons et espérons être exaucés. Mais le plus souvent, nos attentes ne sont pas satisfaites. Pourtant le Dieu à qui nous nous adressons est vivant et suffisamment puissant pour agir même « *au-delà de tout ce que nous pensons ou imaginons* » (Ep3 :20). Nous n'avons pas une idée précise de la provision divine qui nous encourage à prier de façon convaincue alors qu'Il est El-Shaddai !

Autre chose à noter à ce sujet: c'est que notre ignorance de l'environnement dans lequel nous vivons et évoluons, fait que nous ne sommes pas précis dans nos prières; précision qui nous permettrait d'atteindre notre cible dans le cadre d'une prière de combat ou de délivrance individuelle, familiale, nationale ou régionale, quand nous intercédons. Alors nos prières sont faites sans considérer les entités qui nous entourent et dont les actions et œuvres sont impliquées dans le quotidien des humains, à savoir les éléments de la création qui sont exploités par les confréries sorcières ainsi que les loges occultes et mystiques contre les êtres humains. De cette exploitation, nous devenons tous victimes des agissements des puissances des ténèbres à travers nos semblables. Alors nous avons besoin de prière parce que ce monde dans lequel nous vivons est un monde menacé et rempli de violence et de méchanceté ; Les «*unes*» des journaux témoignent de l'escalade des péchés de l'humanité occasionnant un désordre social:

- Des violences domestiques en plus des tueries et des massacres inimaginables ;
- Des fraudes et de la corruption généralisée à tous les niveaux des gouvernements et des individus ;
- Des persécutions et des carnages religieux ;
- Des maladies transmises sexuellement hors de contrôles de la médecine moderne ;
- Des attaques terroristes généralisées qui n'en finissent plus ;

- Des génocides survenant chaque semaine dans des régions de la planète ;
- De la débauche sexuelle et des divorces récurrents rendant impuissantes toutes les structures morales ;
- Etc., etc....

Plus de 50% des mariages américains finissent par un divorce, et ceux qui restent, seulement la moitié sont heureux, alors qu'ils sont vus comme un « modèle » de société humaine. Le traditionnel mariage composé du couple homme/femme, n'existe presque plus ; il semble être en train de disparaitre avec l'avènement officialisé de l'homosexualité sous des formes diverses et voilées.

De plus en plus d'enfants aujourd'hui sont élevés par des parents célibataires, ou des couples reconstitués, des parents adoptifs ou encore dans des familles d'accueil, ou même dans des couples homosexuels. Ce n'est donc pas surprenant que les gens ne connaissent pas la volonté de Dieu et ne discerne plus ce qui est bien de ce qui est mauvais, le bien du mal, le normal de l'anormal. Les enfants sont hyper sexualisés et terrorisés par les médias et leur environnement.

L'abus des drogues parmi les adolescents et les plus jeunes augmentent drastiquement, aussi rapidement qu'une fusée lancée dans l'espace. L'Amérique, la Grande Bretagne, le Canada, l'Australie et toutes les autres nations des descendants modernes de l'ancienne Israël ont produit ce que nous pouvons appeler: «Ils ont été infidèles à l'Éternel, *car ils ont engendré des enfants illégitimes...*» (Osée 5: 7). Ils ont échangé les vraies valeurs pour la *correctitude politique sans valeur et des idéologies et des concepts de séduction à grande échelle.* Et tout ceci, parce que « les sorciers » sont parmi nous. Nous devons donc prier, parce que nous avons besoin de prière !

Nous aborderons ainsi donc dans cette étude, des points essentiels qui aideront l'intercesseur ou tout chrétien lambda à mieux exercer son ministère ou sa sacrificature, et de vivre des résultats témoignant de la Toute Puissance de Dieu sur sa création.

L'intention ici est de susciter une armée, un réseau de MI, entendons par là , des Missionnaires Intercesseurs, hommes et femmes nés de nouveau, conscients de l'influence des forces des ténèbres sur les sociétés humaines, avec toutes les conséquences notés dans tous les pays (mysticisme, occultisme, sorcellerie, etc) contrôlés par des confréries et sociétés secrètes séduisant de plus en plus les jeunesses de nos Etats. Cette armée doit naitre de la réponse à cette question que Dieu nous pose: « *qui enverrai-je ?* » et de la volonté de tout leader chrétien à travailler non pour sa « chapelle » dénominationnelle, mais pour le Royaume du Père céleste, le bonheur et la joie des hommes qu'Il a créés. Cette armée devra couvrir nos villages dans toutes les régions du monde, afin de sortir des peuples de la misère, de l'esclavage et de la perdition des ténèbres.
Abordant donc les sujets de l'environnement, de l'importance d'un groupe d'intercession, de l'intercession en rapport avec les dons spirituels, et des types de prière ainsi que de certaines notions de démonologie, nous visons une efficacité dans notre façon d'intercéder, surtout pour toutes celles et tous ceux qui sauront exploiter l'enseignement véhiculé que nous proposons dans cet ouvrage.

Chapitre 1
IMPORTANCE D'UN GROUPE D'INTERCESSION

Sans occulter le fait que le Seigneur Jésus intercède pour nous les croyants (Rm8 :34), il faut noter que l'Eglise tient dans sa mission, sa vie et ses combats, par l'intercession de ses membres (2Thes3 :1/Ep6 :18/Col4 :3). C'est-à-dire que, plus chaque membre prie, plus l'église reste et demeure victorieuse (Ac12 :5).

Ce ministère d'intercession est le tout premier que le Seigneur Jésus a exercé tout juste après son ascension et continue de l'activer pour nous (Rm8 :34/Heb7 :25).
C'est un ministère si important que nous allons l'illustrer par ces quatre réalités de nature biologique et spirituelle :
-Groupe d'intercession entant qu'appareil respiratoire ;
-Groupe d'intercession en tant que manifestation de la sacrificature ;
-Groupe d'intercession en tant que lieu de révélation et de direction divine ;
-Groupe d'intercession en tan que seul moyen de remporter des victoires pour une assemblée locale ou nationale.

Lorsqu'une église est infiltrée et visitée par l'occultisme, c'est ce groupe que les forces du mal ciblent au préalable, avant d'affaiblir la communauté toute entière. C'est pour cette raison qu'aucun pasteur ou leader ne doit négliger ce groupe d'intercession qui doit être formé et motivé à la défense spirituelle de l'église. Le comité d'intercession représente le système de défense de la communauté quand on considère le rôle que chaque structure ou organe de l'église locale joue. Avoir un comité d'intercession performant dans une église, renforce le système immunitaire de la communauté. Une église sans comité ou groupe d'intercession vit comme un pays qui n'a pas de système de défense. Malheur à l'église qui n'a pas de vie d'intercession dans un monde où tous les coups sont permis!

A-LE GROUPE D'INTERCESSION REPRESENTE L'APPAREIL RESPIRATOIRE

Une des illustrations de l'importance d'un groupe d'intercession se voit dans le rôle de l'appareil respiratoire.
Dans le système respiratoire, les voies aériennes supérieures (les narines) jouent un rôle régulateur et antiseptique.
Sans cette fonction, un air impure pénètre dans les poumons par la bouche et peut provoquer facilement une infection qui, par sa répétition, peut faire place à une pneumonie chronique avec ses complications habituelles qui sont : l'asthme, l'emphysème et la redoutable insuffisance cardiaque.

Le comité d'intercession ou groupe d'intercession joue également le rôle régulateur et antiseptique au sein de l'Eglise locale. C'est-à-dire que, c'est par la prière que l'église est désinfectée des présences et œuvres démoniaques.
De même que les mouvements de la respiration sont réglés par le système nerveux, un groupe ou un comité d'intercession doit être correctement assisté par l'organe de direction de l'église locale ou de l'association chrétienne qu'il soutient. Il faut comprendre que, aucun conseil d'église sérieux ne devrait combattre un comité d'intercession ou mettre les bâtons dans les roues de ce groupe très essentiel dans la vie de l'église. Il est malheureux que des conseils d'église ne soutiennent pas ces groupes d'intercession mis en place par eux-mêmes. Le comité d'intercession fait fonction de mouvement respiratoire dans l'Eglise locale et le conseil de l'église représente le système nerveux ici. D'où c'est le conseil de l'Eglise qui alimente et active les mouvements respiratoires représentés ici par le comité ou groupe d'intercession. Il s'agit ici d'encourager l'intercession dans l'église, même si les moyens de motivation sont faibles.
Aussi vrai que la rapidité de ses mouvements (respiratoires) dans notre organisme est proportionnelle aux besoins de nos tissus en oxygène, l'existence et l'organisation d'un

comité d'intercession sont fonction de l'environnement dans lequel vit et évolue l'Eglise. Plus l'environnement de l'Eglise est difficile et hostile, plus le comité d'intercession doit être opérationnel et très efficace.
On parle d'environnement difficile quand les forces des ténèbres sont fortement en activité dans ce milieu environnemental.

Si ces paramètres ne sont pas pris en compte en biologie, l'organisme, dans son fonctionnement, prend un coup et devient victime de vertiges ou d'asphyxie. C'est ainsi que l'église locale peut prendre également un coup, lorsque l'intercession est négligée ou absente dans la communauté.
Par cette analogie, nous pouvons comprendre comment plusieurs églises sont atteintes de vertiges et sont asphyxiées sur le plan spirituel ; ce qui entraine un syncrétisme idolâtre, une apostasie et une mort spirituelle.

B- LE GROUPE D'INTERCESSION EST LA MANIFESTATION DE LA SACRIFICATURE (Jq 4 :5).

Le groupe d'intercession tire son importance dans la sacrificature qui est différente du ministère.
Dans la sacrificature, j'ai un rapport avec Dieu ; c'est une fonction d'intermédiaire entre Dieu et l'homme que j'exerce.
C'est parce que l'homme offre des sacrifices qu'il est appelé sacrificateur.
A l'image du souverain sacrificateur qui, une seule fois par an, pénétrait dans le lieu Très Saint (Hb9 :7), tous les croyants sont sacrificateurs sous la Nouvelle Alliance (1Pie2 :5), parce qu'ils s'approchent directement de Dieu par Jésus-Christ, depuis que le voile du temple s'est déchiré (Mat27 :51).
Le sacrificateur est donc un prêtre.
Autrefois, les sacrificateurs en même temps qu'ils enseignaient la loi, étaient les gardes du sanctuaire. Ils constituaient une classe, une catégorie de serviteurs de Dieu qui faisaient partie des lévites ; c'est-à-dire que les

chantres, les portiers et les sacrificateurs étaient ceux-là même qui s'occupaient des affaires sacrées et religieuses en Israël.
Le sacrificateur, à ce titre avait pour tache de consulter ; c'est-à-dire qu'il demandait, cherchait, et interrogeait Dieu. L'intercesseur ou l'intercesseuse est celui ou celle qui consulte: demande, et interroge Dieu.
Or dans le ministère, il y a une idée de sacerdoce, d'œuvre ou de vision reçue de Dieu qu'on exerce envers les hommes, nos semblables. C'est une fonction horizontale.
Dans la sacrificature, nous offrons plusieurs sacrifices, mais à Dieu, donc une sorte de« *ministère* » vertical.
Voir schéma illustratif ci-dessous!

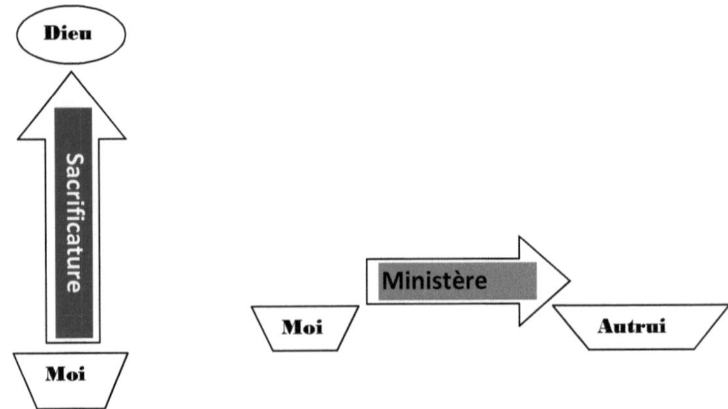

Schéma illustratif

I- Les différents types de sacrifices

Le sacrifice retranche du monde des hommes l'objet, l'être vivant ou la partie du corps, concerné. Cette part passe dans le monde des choses divines, dont les hommes ne doivent pas toucher, ni s'en servir. Ce passage se traduit le plus généralement par une destruction au sens commun, une dématérialisation.
L'histoire des religions nous révèle trois phases identifiées :
-Le temps des ***sacrifices humains*** dont le prototype est le meurtre rituel,

-Le ***sacrifice des animaux***,
-Le ***sacrifice de soi*** communément appelé ***martyr***.
Mais ici, nous verrons le sacrifice vu plus sous un angle biblique, le sacrifice agréé par Adonaï.

1. **Qorbân** ou l'oblation signifie « *approcher* ».

C'est le sacrifice offert pour s'approcher de Dieu.
S'approcher de Dieu signifie ici que, le sacrificateur doit avoir une idée de Dieu avant de Lui adresser quelque parole que ce soit. « *Que celui qui s'approche de Dieu croit que Dieu existe...* », est-il écrit (Hb12 :6).
Quelle opinion avons-nous de Dieu lorsque nous nous approchons de Lui dans la prière? Comment Le voyons-nous ? Quelle « *image* » avons-nous de Dieu avant de l'aborder pour un besoin quelconque?
Ceci indique que nous devons avoir une attitude qui nous impose l'humilité requise avant de s'adresser à Celui (Dieu) à qui on veut parler. L'intercesseur qui est un sacrificateur doit le savoir au risque de dire des paroles en l'aire. Qorbân se présente donc comme la clé pour la prière.
Celui donc qui n'a pas cette compréhension ne peut pas prier, d'où ne peut appartenir à un groupe ou un mouvement de prière. Il est disqualifié comme MI (Missionnaire Intercesseur). C'est pourquoi les pasteurs ou les leaders de groupes chrétiens ne doivent introduire ou recommander n'importe qui, dans une structure de prière, dans une stratégie ou une idée de vouloir maintenir X ou Y dans l'église. Plusieurs loups, qui n'ont aucun égard pour Dieu, sont entrés dans des groupes de prière avec l'objectif de détruire ces groupes par la stratégie de séduction et d'assoupissement des membres.
Pour entrer dans un groupe de prière, il faut aspirer à la sacrificature qui exige notre Qôrban. Vigilance donc aux leaders ecclésiastiques !

2. **Zèbah**

Celui-ci s'applique à tous les sacrifices, mais particulièrement aux sacrifices de communion dont une partie était consumée sur l'autel, une portion réservée au sacrificateur et la majeure partie mangée par l'adorateur, sa famille et ses amis. Ce sacrifice est donc reparti en trois parties : une pour Dieu, une pour le sacrificateur et l'autre pour le concerné ; c'est-à-dire l'adorateur.

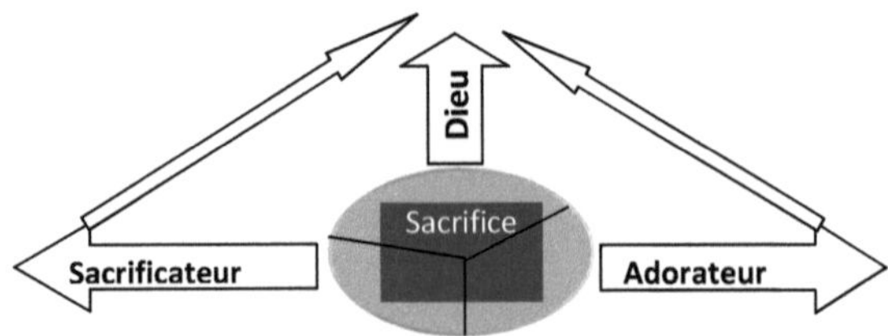

C'est dans ce type de sacrifice que la Sainte Cène ou le Repas du Seigneur tire son origine et son essence.
C'est le type de sacrifice dans lequel il y a le sens du partage. Ce sacrifice est fait par l'adorateur mais géré et réparti par le sacrificateur.
Dans ce genre de sacrifice, on peut distinguer :

a) **Toda** qui désigne des sacrifices de reconnaissance ou de louange.
b) **Néder** qui représente des sacrifices offerts à la suite d'un vœu. L'engagement à aller et mourir à la croix comme dans le cas du Seigneur Jésus Christ !
c) **Nedaba** exprimant un don volontaire. A l'exemple du Seigneur qui s'est donné volontairement, le chrétien n'a pas besoin qu'on l'oblige à faire un don.

Ce sacrifice représente l'étape où l'intercesseur est prêt à vivre une communion avec ses frères et sœurs du même groupe ; partage sentimental, émotionnel, matériel et financier. Il est inconcevable qu'on appartienne à la même communauté ou, de façon restreinte au même groupe de prière, et qu'on soit incapable de partage et de communion fraternelle. Plusieurs groupes d'intercession renferment des membres qui ne se fréquentent jamais, ne se soutiennent pas dans les moments difficiles et qui n'ont rien en partage.
Autres choses. Pourquoi les membres d'un comité d'intercession ne feraient-ils pas des offrandes de

reconnaissance ou de louange à l'Eternel, ou des offrandes à la suite d'un vœu, ou exprimer un don volontaire, à l'image de leur Maître qui s'est donné volontairement et qui a fait le vœu de sauver le monde?

3- Ola est l'holocauste entièrement consumé et qui montait tout entier en fumée.
C'est une offrande de laquelle on n'espère rien à recevoir. Nombreux sont ceux qui attendent forcément quelque chose de la part de Dieu ou, Lui exige une récompense quand ils posent un acte. Or il est important pour un intercesseur de se sacrifier réellement et de se libérer de la pensée de recevoir en retour de Dieu ; ce sera pour lui l'offrande consumé par le feu qui doit monter tout entier en fumée.

4- Hattath (péché) ou sacrifices pour le péché ou sacrifice d'expiation.
Dans ce type de sacrifice, une partie était brûlée sur l'autel, la majeure partie mangée par le sacrificateur qui absorbait ainsi la faute du pécheur.
C'est la phase ou le péché est désigné, confessé en vue de la rémission (pardon). Le sacrificateur va donc s'identifier à celui qui est en faute. C'est ce que le Christ a fait en subissant notre châtiment à notre place, en portant le péché de l'humanité sur Lui. C'est le sacrifice de substitution ou d'expiation.

a) **Acham** (culpabilité) est le sacrifice de culpabilité qui se distingue des sacrifices pour le péché, par l'obligation d'une restitution.

C'est le niveau de la sacrificature où il est question de réparation après la substitution ou l'expiation. Zachée l'avait pratiqué lorsque le Christ (le Messie) le visita et entra dans sa vie (Lc19 :1-10).
Plusieurs se confessent, se repentent, mais ne font pas de restitution quand il le faut. Lorsque nous avons un fardeau de culpabilité après une faute, un péché, il est salutaire de restituer à l'équivalence. Se présenter physiquement pour demander pardon à autrui ou au prochain après notre

confession en présence de Dieu ; ou encore, remettre l'objet volé ou le rembourser à la victime le bien qu'on avait usurpé, est un acte de nature à nous rendre irrépréhensible devant Dieu, lorsque Satan nous accuserait par tous les moyens.

b) Minha (offrandes) signifie cadeau destiné à manifester l'amitié.

Une partie de cette offrande était consumée sur l'autel et l'autre mangée par le sacrificateur. Ce sont des offrandes faites avec les produits du travail (les produits du sol en Israël).

C'est le sacrifice dans lequel l'adorateur fait une offrande en direction de Dieu et en direction du sacrificateur. C'est pourquoi il garde sa nature et sa force d'entretenir l'amitié tripartite ; c'est-à-dire entre Dieu, le sacrificateur et l'adorateur.

c) La libation de vin

Cette libation du vin était une préfigure, un symbole que le vin occupe dans la Sainte Cène ou le Repas du Seigneur. Elle accompagnait le sacrifice d'un animal.

Le vin ici symbolise le sang du Christ versé sur la croix du calvaire, lequel sang est vu à travers l'huile d'onction préparée pour la consécration ou les prières.

Il est vrai que tous ces sacrifices ont été rendus inutiles par le sacrifice suprême de Jésus-Christ sur la croix du calvaire (Hb : 11-12 / Hb8 :2, 6,13), puisque même chez les juifs ils ont cessé depuis la destruction du temple de Jérusalem par les Romains en 70 après Jésus-Christ. Cependant dans notre sacrificature, nous devons de façon spirituelle les pratiquer par identification et référence (1Pie2 :5), excepté l'holocauste (ola).

Notre démarche vers Dieu, en vue d'entretenir nos rapports de fille ou de fils à Père, exige la pratique de la sacrificature résumée dans le quatrième chapitre de l'épître de Jacques au verset huitième : « *Approchez-vous de Dieu et il s'approchera de vous...* » (Jaq 4 :8).

L'intercesseur devra donc comprendre le sens des différents sacrifices vus pour être efficace dans cet entretien de rapport avec Dieu.

II- En résumé, il faut retenir donc ces cinq points :

- S'approcher de Dieu par la foi (Qorbân),
- Communier avec Dieu et celui ou celle pour qui nous prions (Zèba),
- Désigner, confesser nos péchés en vue de la rémission et procéder à une restitution (Hattah-Acham),
- Impliquer le sang de Jésus Christ dans tous nos rapports avec Dieu (Hattah-libation de vin),
- Faire une offrande lorsque nous sollicitons une prière (Hattah-Minha).

C- GROUPE D'INTERCESSION EN TANT QUE LIEU DE REVELATION ET DE DIRECTION DIVINE

1-Le lieu de révélation divine

Le mot révélation tiré du livre d'Apocalypse (Ap1 :1) dérive du grec *apocalypsis* signifiant dévoilement de sorte à découvrir ce qui est caché. C'est par révélation que Paul l'apôtre a reçu l'évangile qu'il prêche (Gal1 :12), par révélation qu'il a connaissance du mystère sur lequel il écrit aux Ephésiens en peu de mots (Ep3 :3) ; et aussi par révélation qu'il est monté à Jérusalem pour exposer cet évangile à ceux qui sont les plus considérés dans l'église (Gal2 :2). Il va donc prier pour les Ephésiens afin qu'ils aient un esprit de sagesse et de révélation (Ep1 :17). Il est donc important d'agir par révélation, car trop de choses nous échappent humainement. C'est par manque de révélation qu'il y a des déviations et des débordements dans l'église, car « *Quand il n'y a pas de révélation, le peuple est sans frein; Heureux s'il observe la loi!* » (Pv29 :18).
Nous avons dans la Bible plusieurs exemples de révélations.

1.1- L'appel du prophète Esaïe (Esaîe6 :1-6).
A une époque où le sacerdoce des prêtres était menacé par la montée en puissance du roi Ozias (2Chron26 :1-15), le prophète Esaïe reçoit une révélation qui va bouleverser le reste de sa vie. Mais surtout le prophète a vécu un traumatisme découlant de la façon dont le roi Osias traitait ses sujets, particulièrement les sacrificateurs, eu égard à sa puissance.
Esaïe, comme tout véritable appelé, voulait s'esquiver ou fuir la mission au départ.
Esaïe voit le Seigneur assis sur un trône très élevé, et se déclare malheureux parce que ses yeux ont vu le Seigneur de gloire. Mais il reçoit la grâce de Dieu pour l'expiation de son péché. Dieu donc se révèle au prophète dans son amour et sa Toute Puissance à travers la louange et les déclarations des séraphins. Esaïe va donc céder et commencer son ministère prophétique.

1.2- La mission de Saul et Barnabas est précisée (Actes 13 :2)
Paul, qui jusque là s'était focalisé à exercer sa mission vers les juifs, va connaître une réorientation à juste titre de son ministère, car en réalité Paul devait porter le nom du Seigneur devant les païens ainsi qu'aux fils d'Israël, comme cela fut indiqué par le Seigneur Lui-même (Actes 9 :15).

1.3- Daniel reçoit la révélation d'une prophétie (Dan9 :3,21-23 ; cf Dan8 :16)
A la suite de la prière de supplication, de repentance que Daniel fit en faveur de son peuple, Dieu va accorder à Daniel le dévoilement sur la prophétie des soixante dix semaines.

1.4- Dieu révèle au peuple de Juda sa victoire avant le combat (2Chr20 :13-17)
Le roi Josaphat confronté à une coalition de trois grands peuples pour le combattre (2Chr20 :1), va rechercher la face de Dieu en proclamant un jeûne pour tout Juda (2chr20 :3).

C'est pendant qu'ils priaient que Dieu va se saisir de Jahaziel pour révéler la victoire que Dieu va accorder à tout Juda d'une façon extraordinaire ; la victoire par la louange (2Chr20 :22-25).
Lorsque la victoire est révélée, il va s'en dire que nous avons du tonus et de l'avance sur l'ennemie. Gloire à Adonaï !

1.5- Corneille fait chercher Simon Pierre par révélation (Actes 10:6)
A cause de ses prières et de ses aumônes qui sont montées devant Dieu (Actes10 :4), Corneille reçoit une vision dans laquelle, un ange va lui donner des indications au sujet de celui par qui il devrait avoir le salut (Actes 10 :33). Cette révélation conduisit le premier romain après la pentecôte à la rédemption.

Remarque : En dehors de l'appel du prophète Esaïe qui n'est pas le résultat de la révélation issue d'une séance de prière, les autres cas, à savoir la révélation de la prophétie accordée à Daniel, la mission de Saul et Barnabas reprécisée et réorientée, la victoire du peuple de Juda sur ses ennemis et le salut de Corneille, sont des révélations en réponse à la prière.
Pour toute cette conséquence de la prière (de l'intercession), l'église doit reconsidérer ses voies, sa pensée et son opinion au sujet du comité ou groupe d'intercession, qui constitue un moteur et un lieu de révélation.
Lorsque des malheurs, des échecs se présentent dans une communauté, ses dirigeants ou ces leaders devront activer le comité d'intercession pour interroger le Seigneur afin d'avoir une compréhension de la situation en cours, et savoir ce qui est à l'origine, afin que le peuple de Dieu ne sombre pas dans les murmures inutiles. Le « système » ou « l'appareil respiratoire » de la communauté doit être efficacement fonctionnel et opérationnel pour un éclairage communautaire. Le Saint Esprit révèle des situations cachées à ceux qui s'approchent du Père en communion dans la prière.

C'est dans la prière en commun que des missionnaires en danger ont été révélés à des intercesseurs et sauvés de justesse. C'est dans l'intercession que Dieu montre des situations et des traitements mystiques dans les hôpitaux aux MDH (Missionnaires Des Hôpitaux). C'est dans la prière que des familles ont été délivrées des programmes d'attaque et des morts prématurées à la veille du nouvel an. C'est dans la prière que Dieu révèle où se situe le blocage de la vie sociale et professionnelle de frères et de sœurs qui ne réussissaient jamais à des concours, examens ou textes de recrutement professionnel. Notre Dieu omniscient, voit encore aujourd'hui, car Il est éternel !

2- Le lieu de direction divine

« *...Ce n'est pas à l'homme, quand il marche, à diriger ses pas* » a dit le prophète Jérémie (Jér10 :23). Le psalmiste David compte sur Dieu pour sa direction (Ps31 :3).

Diriger c'est conduire, orienter et rappeler à l'ordre.

Le Saint Esprit nous conduit dans une entreprise que Dieu nous confie. La direction divine est l'un des moyens (provision) que Dieu nous accorde lorsqu'Il nous confie une œuvre. Quand Dieu nous appelle ou nous confie une tache, et que nous ne suivons pas ces instructions et ses directives par le Saint Esprit, nous échouons dans la mesure où nous désobéissons à son agent exécuteur qui reste notre conseiller par excellence, le Saint Esprit.

Lorsque nous prions en équipe, le Saint Esprit nous révèle la pensée et la volonté du Père, non seulement pour les sujets qui nous réunissent, mais encore que nos prières aient une direction divine.

Cette direction se précise sous la forme d'une pensée, d'une vision (Une image mentale par exemple) ou un verset biblique inspiré, ou même une voix audible (Ac13 :2 / Mat17 :5 / Ac 9 :4,6-7). C'est la manifestation de la révélation « *davar* » lorsque nous entendons la voix. Cette direction concerne en général des personnes, des places (une localité ou un bâtiment), des évènements liés à notre

église, notre ville, notre nation ou un champ missionnaire précis, en un mot notre environnement.
L'Esprit de Dieu donc portera le groupe à intensifier sur tel ou tel sujet selon l'urgence et l'importance qui s'attache au besoin. C'est ainsi qu'une direction est accordée à une communauté lorsque celle-ci trouve de l'importance à entretenir un comité d'intercession.
Le pasteur et l'église doivent être attentifs à ce qui sort d'un comité d'intercession aguerri pour l'orientation quand à un programme à élaborer sur une période ou quand à la vision annuelle à communiquer à tous, car l'église appartient à Christ le Chef, et c'est Lui qui connait le mieux nos besoins et notre destinée.

3 -En résumé, nous devons retenir ce qui suit :

- Si Dieu a mis à la disposition des croyants les dons de révélation, c'est que nous ne pouvons pas tout savoir humainement et naturellement. Beaucoup de choses et de situations nous sont cachées, et c'est dans la prière que Dieu peut nous révéler les causes et les origines d'un malheur ou d'une situation que nous vivons. Les leaders ecclésiastiques devront être attentifs, conscients de cette réalité et mettre urgemment sur pied un comité d'intercession bien formé et encadré pour sécuriser leur communauté en termes de défense spirituelle.
- Parce que souvent la chair nous conduit très loin de la pensée et la vision de Dieu dans l'accomplissement et l'exercice de notre ministère, dans la gestion de notre vie et de notre famille, il importe de recourir à la prière pour être conduit dans une direction divine, car malheureusement, même Satan peut nous tromper par séduction et nous conduire aussi.

D- LE SEUL MOYEN POUR UNE ASSEMBLEE (LOCALE) DE REMPORTER DES VICTOIRES.

L'intercession qui remporte des victoires est illustrée dans les Saintes Ecritures depuis l'Ancien jusqu'au Nouveau

Testament. Nous allons considérer trois exemples qui illustrent cette réalité de sorte à nous encourager à être persévérants, déterminés et efficaces dans l'intercession.

1- Exemple de la victoire d'Israël sur Amalec (Exode 17 :8-16)

Amalec vint combatte Israël à Réphidim et Moïse, en tant que stratège de guerre, met sur pied sa tactique pour la circonstance; il demande à Josué de se constituer une armée et d'en être le commandant du théâtre des opérations. Et lui Moïse devait diriger un autre groupe constitué de lui-même Moïse, Aaron et Hour qui ne seraient pas sur le théâtre des opérations de façon physique, mais spirituellement interviendraient sur le champ de bataille. C'est donc à ce niveau qu'ils (Moïse, Aaron, Hour) représentent un comité ou un groupe d'intercession.

Les mains levées de Moïse avec le soutien d'Aaron et Hour sont le symbole d'une dynamique d'intercession efficace.

Conséquence de la dynamique : « *...et Josué soumis Amalec et son peuple en les frappant du tranchant de l'épée* » (Exode 17 :13).

Ici, Moïse, Aaron, et Hour constituèrent le moteur et la cause de la victoire historique du peuple d'Israël sur cette nation qui, depuis cette attaque devint l'ennemi juré d'Israël que Dieu ordonna d'exterminer de la surface de la terre (Deut 25 :17-19).

Ne jamais baisser les bras est une détermination qu'un intercesseur doit cultiver. Il faut toujours se fortifier comme le firent Aaron et Hour pour Moïse. Même des intercesseurs peuvent soutenir d'autres intercesseurs dans la même cause.

2 - Pierre emprisonné et délivré par l'intercession d'un groupe (Actes12 :1-11)

Le roi Hérode procède à l'arrestation de quelques membres de l'Eglise et fait mourir par l'épée Jacques, frère de Jean.

Voyant que ces atrocités plaisaient aux juifs, il arrête Pierre et le met sous la surveillance de quatre escouades de quatre soldats chacune.
Mais la Bible dit : « *...la prière montait de l'église vers Dieu pour lui* » (Actes12 :5).
Cette Eglise réunie dans la maison d'une certaine Marie, représente le comité d'intercession dont il est question dans cette étude. Comme conséquence de l'exercice de l'intercession de cette communauté, Dieu fait intervenir un ange pour la libération de Pierre (Ac12 :7-10), à la grande surprise des intercesseurs eux-mêmes (Ac13 :14-16). Dieu peu nous surprendre agréablement lorsque nous intercédons pour un frère ou une sœur, une parent ou ami, pour une situation, etc.

3- Gethsemané
Dans le dernier virage de la vie terrestre du Seigneur Jésus Christ, un combat terrible a été mené avant que le Christ n'arrive physiquement à la croix pour accomplir la volonté du Père. « *Toutefois, non pas ce que je veux, mais ce que tu veux* », disait l'Homme habitué à la souffrance, Celui qui s'est fait pauvre afin de nous enrichir (2Cor8 :9).
C'est à Gethsemané que le Fils de l'homme a affronté toutes les hordes des puissances des ténèbres dans un combat de la mort pour la Vie.
Le salut de l'humanité s'est joué en grande partie à Gethsémané.
C'est à Gethsémané que le Christ a mené un grand combat spirituel contre toutes les forces en présence dans la lutte pour la Rédemption : combat contre la chair, les forces ténébreuses, après avoir triomphé dans les différents tribunaux humains : le pré-procès, le procès religieux de Caïphe et le procès politique d'Hérode.
Vivre Gethsémané, c'est atteindre un niveau d'intercession où seule la volonté de Dieu sue et connue reste notre boussole, malgré la douleur physique et morale que nous pouvons ressentir, étant frappé par une humiliation sans pareil.

De Gethsémané sort une personne spirituelle d'un combat, débarrassée de toutes les pesanteurs charnelles, et capable d'affronter toute adversité et mener n'importe quel combat de sang pour la vie.
C'est notre passage à Gethsémané qui nous permet d'affronter et de surmonter le courroux de Satan.
C'est à Gethsémané que nous évoluons du parvis pour arriver au lieu Très Saint, le lieu où nos cœurs, et non nos vêtements, se déchirent. Déchirer son cœur, c'est déchirer sa chair, symbole du voile séparant le lieu Saint du lieu Très Saint.
Lorsqu'on sort de Gethsémané, c'est qu'on a traité la chair avec ses œuvres. C'est la Grande Victoire pour le salut à tous égards!

En définitive, nous pouvons comprendre à partir de ces trois exemples sur des milliers que, lorsque l'église locale a un comité d'intercession ou que toute la communauté s'érige en comité d'intercession, toute adversité est confondue et l'église ou la famille chrétienne remporte des victoires surprenantes à la gloire du Seigneur Jésus.
Le comité d'intercession est en réalité une matrice de révélation, de direction et de victoires divines dans la vision du ministère d'intercession du Seigneur Jésus-Christ.
Chers leaders, nous sommes appelés à mettre sur pied, par la formation et l'équipement des fidèles, un comité d'intercession digne de ce ministère, afin que nous soyons soutenus et que les fidèles soient rassurés dans la grâce et par la main de Dieu sur eux, durant le pèlerinage terrestre.
Nous avons besoin de prière, car sans elle l'église est déconnectée d'avec le Père!

Chapitre 2
CONNAISSANCE DE NOTRE ENVIRONNEMENT POUR UNE EFFICACITE EN INTERCESSION

Il est important de connaître notre environnement pour n'importe quelles raisons. Nous sommes dans le monde en tant que humain, mais nous ne sommes pas seuls comme entités ou êtres. Nous sommes environnés par des existences physiques, spirituelles et immatérielles.
Cette importance de la gestion de l'environnement est d'autant plus perçue que dans les Etats, un ministère ou un département, et même des structures (ONG, Association) chargés de l'environnement sont mis sur pied pour lutter contre les pollutions et agressions de tout genre. L'environnement pollué est vecteur de beaucoup de désastres malheureux et de maladies aujourd'hui.
Le monde est composé de l'ensemble de la terre visible, conçu comme un système très organisé, des astres et des entités non physiques, spirituelles.
Certains appellent notre monde « cosmos », d'autre le nomme « univers ».
Nous avons donc l'environnement physique et visible et l'environnement spirituel et invisible ou immatériel dans lesquels nous évoluons.

A-L'ENVIRONNEMENT PHYSIQUE OU MONDE PHYSIQUE

Ce monde dans lequel nous vivons, avec toutes ses composantes, a été formé par la Parole de Dieu, de sorte que ce qu'on voit ne provient pas de ce qui est visible (Héb 11 :3).
Notre environnement physique comprend un grand ensemble constitué par différents règnes sensibles : le règne végétal, le règne animal, le règne humain, le règne minéral ou minéralogique, le règne astronomique et le règne spirituel.
Selon les ésotériques et certains scientifiques, chaque règne dépend du règne immédiatement au dessus de lui pour

stimuler son évolution, de sorte que le règne minéral est le plus bas de tous les règnes. Et que le règne spirituel incite le règne humain, le règne humain stimule le règne animal, l'animal attire le végétal, et le végétal stimule le minéral.

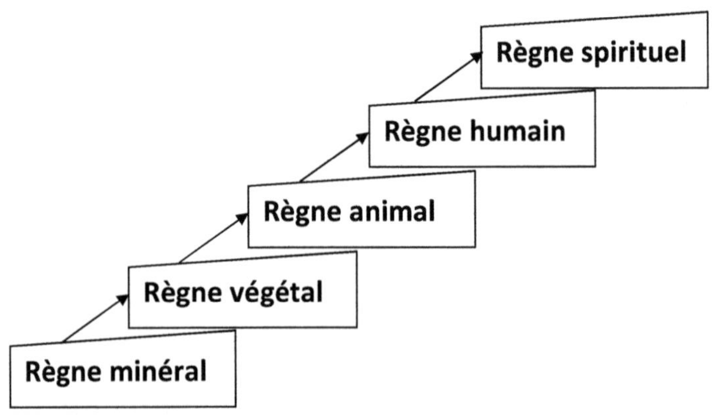

Théorie de Darwin (ésotérique)

Selon cette logique, le spirituel vient de l'humain, l'humain est tiré de l'animal, l'animal sort du végétal et le végétal du minéral pour soutenir ainsi la fameuse théorie de Darwin.
Mais quelle est la position de la Bible, lumière des civilisations, de la science et de l'histoire, à ce sujet ? Quel ordre la Parole de Dieu donne à cette tendance ésotérique ? Nous devons être honnêtes, avec une intelligence renouvelée pour comprendre les choses spirituelles.

1- Le règne végétal (Gn 1 :11-12)
Ce règne concerne tout ce qui est plantes, arbres, herbes (verdure). Ce règne fut créé par Dieu le troisième jour de la création. C'est de ce règne que l'homme devait tirer une partie de son alimentation (Gn 1 :29).
On distingue les protistes composés d'organismes unicellulaires, les végétaux parfois eux-mêmes divisés en trois espèces plus simples : les Archéozoaires, les Chromista et les plantes composées d'organismes pluricellulaires autotrophes. Et enfin les champignons composés d'organismes pluricellulaires hétérotrophes et filamenteux.

2- Le règne animal (Gn 1 :20-22 /Gn 1 :30)
Ce règne concerne tout animal vivant sur terre, dans les eaux et dans l'air. Contrairement à ce que Darwin et ses disciples propagent, l'animal est un être qui possède un corps et une âme, mais qui n'a pas d'esprit, ce qui fait qu'il n'est pas conscient et n'est pas capable d'adoration comme le Seigneur l'a dit à la femme Samaritaine (Jn4 :23). Il ne partage pas les caractéristiques qui sont propres à l'homme, selon l'anthropologie biblique.
Biologiquement, l'animal est un être composé d'organismes pluricellulaires hétérotrophes non filamenteux.

3- Le règne astronomique (Gn1 :6-8,14-18/ Ps104 :19/ Ps121 :5-6)
Le ciel est l'espace privilégié où vivent les astres. Mais qu'entend-on par ciel ?

3.1-Chez les anciens, c'est chacune des sphères transparentes concentriques à la terre et tournant autour d'elle, auxquelles étaient accrochés les astres et qui en explique les mouvements.

3.2 : Le ciel est un espace indéfini dans lequel se meuvent les astres. Cet espace s'étend sur toutes les différentes couches géologiques depuis l'atmosphère jusqu'à la stratosphère.
-atmosphère : C'est la zone du ciel la plus proche de la terre.
-stratosphère : Zone où les gaz sont au repos.

3.3 : Le ciel est aussi la partie vue au dessus de nos têtes et limitée par l'horizon qu'on appelle firmament ou calotte.

3.4 : Le ciel est vu par plusieurs comme le séjour des dieux. C'est ce qu'on a appelé l'au-delà ou le séjour céleste.
C'est aussi là-haut, qui développe les concepts d'ascension et d'assomption. Ce séjour des dieux est appelé olympe par les Grecs et le nirvana par les Hindous.

L'olympe est le lieu où règnent les douze principaux dieux de la mythologie grecque dont le plus puissant est Zeus.
Le nirvana est le séjour des dieux orientaux tels que Bouddha, Devaki et Krishna.

Attention ! Tout ce qui est olympique a un rapport avec ces dieux olympiens bien évidemment ; donc des démons.
Les jeux olympiques sont organisés de manière subtile comme un culte rendu aux divinités grecques et leur équivalences, en vue de mettre les cinq continents ensemble pour un culte en dehors du vrai Dieu, Adonaï qui est au dessus de tous les dieux.
C'est l'aspect mondialisation et globalisation de tout ce qui est jeu ou sport (voir jeux olympiques et historique).

3.5: Mais que dit la Bible au sujet du ciel?
Les Saintes Ecritures nous révèlent trois (3) cieux contrairement à ce que pensent certains philosophes et occultistes, qui disent qu'il y aurait sept (7) cieux:
-le premier ciel ou ciel sidérale (Ap19 :17) est l'espace visible et observable au dessus de nos têtes sans le moyen d'un télescope.
-le deuxième ciel vu comme l'espace où est installé le quartier général de Satan, d'où l'archange Michel le précipitera sur la terre et que le Christ traversera lors de son Retour en gloire (Ap19 :17/ Ap12 :7-8/ Ap12 :12).
-le troisième ciel au dessus de tous les autres. C'est là que se trouve le siège du Royaume des cieux (premier, deuxième et troisième ciel) (2Cor5 :1). C'est dans ce ciel que Paul fut ravi en esprit (2Cor12 :2).

NB : Il faut retenir qu'à la fin des temps, tous les autres cieux disparaîtront pour faire place à de nouveaux cieux (Es65 :17/66 :22/1Pie3 :13/Ap21 :1).

4- Le règne humain (Gn1 :26-27 / Gn2 :7)
L'homme ne peut être classé dans le règne animal puisque son intelligence d'Homo Sapiens constitue un caractère tout

à fait particulier qui justifie sa place dans le règne humain. Ce caractère est à l'origine d'un bouleversement évolutif instaurant une évolution sociologique de nature Lamarckienne plus efficace que l'évolution biologique de nature Darwinienne.

Si l'ésotérisme et la doctrine de Darwin prônent que l'homme est descendant du singe (animal), la Bible elle, enseigne que l'homme est tiré de la poussière. C'est une contradiction dans la croyance ésotérique qui tire l'origine des végétaux dans les minéraux. Car la Bible prouve que c'est plutôt l'homme qui vient des minéraux (Sable ou poussière).

Ce que nous devons retenir, c'est que l'homme au centre de tout cet environnement exploite ces différents règnes pour assouvir la création lorsqu'il possède des pouvoirs occultes. C'est pourquoi il va même utiliser les astres (soleil, lune et étoiles), les végétaux, les minéraux et les animaux et, vouloir changer leurs rôles contre la nature, en particulier contre l'existence humaine.

Nous devons être conscients et remettre les choses à leur place.

Dans le ministère d'intercession, il est convenable que nous rappelions aux éléments de la création leurs rôles naturels que Dieu le Créateur leur a confiés depuis les origines, surtout lorsqu'il s'agit des déclarations et proclamations. (Voir « prières prophétiques et proclamations prophétiques dans **LES TYPES DE PRIERE** en **B, page 45** »).

B- ENVIRONNEMENT SPIRITUEL

Cet environnement n'est pas perceptible à l'œil physique. C'est un monde régi par un système (lois surnaturelles) tel que le mal s'active pour la destruction, l'avilissement et la misère du genre humain par la violence dans certains cas et la séduction dans d'autres cas, alors que le bien vole au secours de la création, en s'imposant la mission de salut, particulièrement à l'endroit de la race Adamique (la race humaine).

Dans ce monde sont menés des activités et pratiques en divers lieux tels que : les cimetières, les forêts, les eaux, les montagnes, les grottes, les airs, les maisons hantées, les places publiques (marchés, stades, salles de spectacles, etc.), les hôpitaux et même les milieux carcéraux, etc.

1- Le monde spirituel démonologique

C'est dans ce monde que Satan et ses acolytes (démons) opèrent suivant une classification. Ils sont organisés en six (6) groupes essentiels: les ignés, les aériens, les terrestres, les aquatiques, les souterrains, et les lucifuges.

1.1-Les ignés :

C'est la catégorie de démons qui errent autour de la suprême région de l'air et n'ont aucun commerce avec les sorciers, étant donné qu'ils ne descendent pas de là. On les appelle aussi les enflammés ou les flamboyants.

1.2-Les aériens:

Ils rodent très près de nous, troublent l'air, excitent les tempêtes et les tonnerres et, tous battent en ruine le pauvre genre humain. Ils modifient leur apparence à volonté.

1.3-Les terrestres:

Appelés ainsi, car précipités sur terre par leur démérite.

Les uns habitent dans les bois et les forêts et tendent des pièges aux chasseurs ; les autres en campagne font égarer les voyageurs. Le reste de cette classe, moins furieux se délectent d'habiter obscurément parmi les humains.

1.4-Les aquatiques:

Ils résident dans les cours d'eau et excitent les tempêtes sur les mers, submergent les navires.
Ils apparaissent sous des traits féminins lorsqu'ils s'incarnent (reine des côtes, sirène des eaux...).

1.5-Les souterrains:

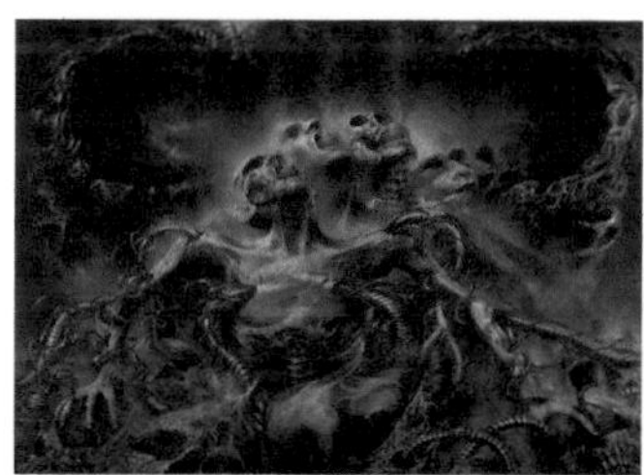

Ils hantent les grottes, les cavernes ainsi que les cavités reculées des montagnes. Ils s'attaquent aux chercheurs de métaux, de trésors en provoquant de nombreuses catastrophes naturelles dans l'univers. Ils peuvent s'allier avec les humains sur la base de pactes contractés. Ils se font les gardiens ou les dépositaires des trésors cachés par les hommes. Ils sont à la base de certains éboulements dans les mines qui causent la mort de plusieurs ouvriers miniers.

1.6-Les lucifuges: C'est la classe de démons qui fuient le jour et ne peuvent prendre forme (corps) que dans la nuit. C'est pourquoi il est important d'être prudent dans les contacts et les amitiés nocturnes.

Ces classes de démons sont organisées, dans la cour de Satan en 6666 démons (selon une étude réalisée par des chercheurs en démonologie). Ces démons sont repartis en plusieurs autorités. Au sommet de cette organisation, il y'a :

a- **Belzébul** : Il est au dessus de tous ces 6666 démons et en est l'empereur.
b- **Lucifer** : démon qui passe pour être plus puissant que Satan.

Il est le grand justicier de l'enfer ; mais quand il est invoqué, il apparaît sous la forme d'un bel enfant.

c- **Belphégor** : C'est le démon des inventions et prend souvent le corps d'une jeune femme et distribue des richesses. Ce démon a toujours la bouche ouverte.

d- **Mammon** : Le démon de la cupidité et de l'avarice. Il aggrave les contacts entre l'homme et l'argent. Il pousse à une recherche sans frein de l'argent et du matériel, en convainquant les hommes à des sacrifices rituels d'enfants, parents ou amis en échanges éphémères. Il pousse à l'escroquerie, au vol, la prostitution et les détournements de deniers publics.

e- **Eurymone** : Il est le prince de la mort avec de grandes et longues dents. Il est effroyable avec un corps rempli de plaies. son vêtement est une peau de renard.

f- **Behemot** : Il est le responsable de la gourmandise et des plaisirs de la chair. C'est un démon lourd et stupide.

Dans le monde Satanique, il est échanson.

g- **Méphistophélès** : Il est chargé de tout ce qui est calomnie et est contre tout ce qui est vertu. Même dans cet empire des ténèbres, il passe pour être le plus redoutable après Satan. Il est en quelque sorte le meneur de l'empire des ténèbres.

Dans la hiérarchie démoniaque, il y a les rois, les ducs, les marquis, les contes, et les présidents de l'enfer.

Duc de l'enfer : Murmure, chargé de la musique dans le royaume satanique. Plusieurs « grands » musiciens et artistes célèbres depuis l'antiquité jusqu'au modernisme, furent inspirés par lui.

Marquis : Cimmérie enseigne la grammaire et la rhétorique (l'art de bien parler) et l'éloquence.

Il influença certains philosophes et poètes bien connus. Il rend l'homme léger à la course. Il est invoqué par certains athlètes pour les compétitions sportives (marquis de l'enfer).

Androalphas : il donne des leçons de géométrie et d'astronomie.
Andras : il suscite les querelles.

Les contes de l'enfer
Furfur : chargé de faire tomber la foudre, gronder le tonnerre, luire les éclaires, entretenir l'union entre maris et femmes.

Les présidents de l'enfer
Forcas : il rend invisible, ingénieux et beau parleur ; il fait retrouver les objets perdus. Dom Bernardin a été inspiré par cet esprit dans l'invention des pentacles (Voir pentacles de Dom Bernadin).

2-Le monde occulte

Le mot occulte est emprunté du latin « *occultus* » qui signifie caché. On dit que quelque chose est occulte lorsqu'elle se cache, garde le secret ou l'incognito. C'est quelque chose de caché et inconnue par nature.
Les sciences occultes sont des pratiques et doctrines secrètes faisant intervenir des forces qui ne sont reconnues ni par la raison ni par la religion et requérant une initiation.
L'occultisme est donc l'ensemble des croyances occultes et des applications qu'on en fait. C'est l'ensemble des sciences occultes et plus généralement de toutes les pratiques qui en ont les caractères.

1) Exemples de pratiques et sciences occultes

-Le mysticisme : C'est une science occulte dans laquelle l'homme va s'unir au principe de l'être (ce qui donne la vie et le mouvement). Il va entrer dans une contemplation qui va l'unir avec une divinité en vue d'atteindre la perfection. Cette union se réalise par des exercices de concentration permettant de s'évader, de sortir de soi (Ex : le yoga et plusieurs religions spiritualistes orientales, occidentales et africaines).

Pour les mystiques, il faut arriver à faire la fusion des sentiments à l'intuition, c'est-à-dire fusionner l'âme à l'esprit.
Cette pratique est contraire à la loi de DIEU qui dit que la Parole de Dieu vient séparer l'âme et l'esprit (Hb 4 :12), afin que l'esprit récupère sa place dans la perspective de la régénération. L'âme et l'esprit son deux entité très distinctes, ce qui donne à l'homme une nature tripartite, contrairement à ceux qui pensent que l'homme est dualité (Voir anthropologie biblique).

-La télépathie : C'est un sentiment de communication à distance, mais par la pensée. C'est une communication extrasensorielle. Pendant ce phénomène, l'homme se prolonge dans l'espace de façon à projeter une partie de lui-même; c'est une sorte d'émanation qui fait que le pratiquant va rejoindre son semblable (un parent ou un ami). C'est par cette pratique que certains reçoivent d'un tiers ou transmettent des informations à d'autres par ubiquité. Les hordes franc-maçonniques les développent dans les services d'espionnage. L'initié peut avoir des informations de pointe, très loin de sa zone de résidence, où il agit à partir de sa pensée sur une tierce personne.
-La radiesthésie :

C'est une pratique ou un art occulte définie par sa réceptivité particulière à des manifestations et phénomènes vibratoires d'un corps quelconque (on peut découvrir des objets cachés ou perdus parce que tout corps émet une vibration selon eux, les adeptes de cette science).

-La lévitation : C'est un phénomène d'élévation d'une personne ou de quelque chose, sans appui ni aide matérielle.
Pendant ce phénomène, le sujet absorbé dans la prière ou dans sa conversation est insensible aux choses du monde extérieur. C'est par cette pratique que les objets se

déplacent dans les maisons hantées par l'entremise du pratiquant. On peut voir par exemple des livres d'une bibliothèque se déplacer ou suspendus dans l'espace sans appui.
C'est par cette pratique que les cercueils se déplacent dans certaines croyances africaines, au cours de cérémonies funèbres.

-La messe : Elle se célébrait autrefois (au moyen âge) sur la croupe nue d'une femme (c'est de l'histoire religieuse). Au 17ème siècle, elle se disait sur le ventre, c'est-à-dire que la femme toute nue, se couche sur le dos. Maintenant, elle a lieu comme à l'église. C'est une parodie, un sacrilège du saint sacrifice célébré en l'honneur d'un démon. Parler de « messe noire », c'est justifier la messe elle-même, de même qu'on sanctifie la magie lorsqu'on la qualifie de noire ou de blanche. La magie c'est la magie.
La messe dite "noire" est par extension, le rite d'une science occulte.

-Le dédoublement :

C'est une pratique occulte qui consiste à se diviser en présentant deux ou trois personnalités différentes, de façon alternative remarquable par les gestes et/ou par la voix.
C'est-à-dire que la personne victime ou pratiquant cette science peut imiter la voix (tonalité, timbre vocal, etc.) ou les gestes d'une personne autre qu'elle-même. On peut être victime lorsqu'un esprit humain se manifeste en nous.

-La métoxicose :

C'est un art des sorciers consistant à passer d'un corps humain à un corps animal ou végétal. Par cette pratique, l'initié peut prendre la forme ou l'aspect d'un arbre, d'un animal afin de se livrer à des envoûtements, des empoisonnements, ou opérer dans des rêves

cauchemardesques. Pour ne pas être aperçus, certains occultistes se transforment en animal pour opérer dans les rêves.
D'autres, par cette pratique, vont installer des pièges mystiques dans les plantations de leurs ennemis, en prenant la forme d'un rat ou un agouti.
Une femme qui était suivie pour sa délivrance me disait qu'elle se transformait en souris pour aller dans son village (Sikensi) en passant par un trou dans le mur de leur cours familiale en ville (à Abidjan-Yopougon, RCI).
On m'a rendu le témoignage de quelqu'un qui a été pris pour un gibier et fut tué par un chasseur au cours d'une partie de chasse.

-La projection astrale :

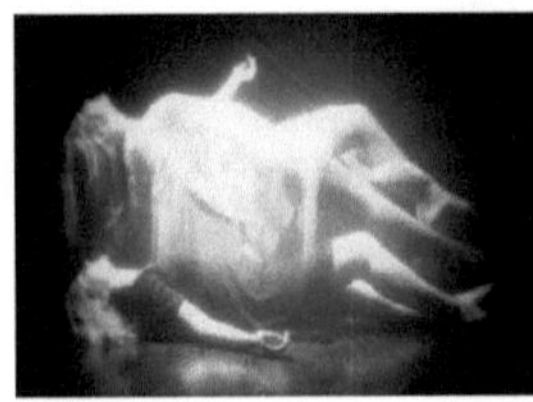

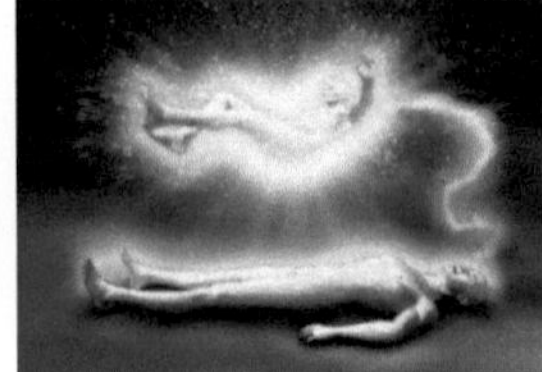

La projection astrale est une pratique occulte permettant la séparation temporaire du corps physique et de l'esprit. On l'appelle "bilocation" dans le catholicisme romain.
D'après la littérature catholique, la bilocation est une présence simultanée de la même substance ou de la même âme dans deux endroits différents, séparés par une distance.
Ce phénomène de la bilocation a été pratiqué par le célèbre moine Capucin, Padre Pio en Italie.

-La cabale ou kabbale (de l'hébreu rabbinique quabba lah : tradition)
a- C'est premièrement une tradition Juive donnant une interprétation mystique et allégorique de l'Ancien Testament.
b- Par extension, c'est une science occulte prétendant faire communiquer ses adeptes avec les êtres surnaturels.
C'est une sorte d'angiologie.

La cabale désigne une composante ésotérique et mystique de la culture juive, fondée sur l'étude des niveaux de l'être, qui s'étagent entre l'espèce humaine et Dieu, ainsi que sur les médiations (sefirot) qui relient ces différents niveaux.
Elle s'appuie notamment sur une méthode d'interprétation de la bible fondée sur la transcription numérique des caractères hébreux (séfira veut dire « nombre » et a la même racine que l'arabe « sifr » dont le français a fait « chiffres » et « zéro »).
La cabale, de même que l'école de Pythagore, accorde une valeur mystique aux nombres.

3-Le monde divin

On ne peut pas parler du monde spirituel sans faire mention des actions et de la présence de Dieu envers les hommes qu'il a créés à son image. Si non, comment expliquer :
-L'ascension du Christ ? (Ac1 :9-10 / Lc24 51),
-L'enlèvement futur de l'Eglise ? (1 Thes 4 :16),
-Le transport ou l'enlèvement de Philipe après le baptême de l'Ethiopien ? (Ac8 :38-40),
-La présence du ressuscité Jésus dans une maison fermée ? (Jn20 :19),
-La protection assurée par l'ange de l'Eternel ? (Ps34 :8),
-Le salut opéré quand mille tombent à nos cotés et dix mille à notre droit (Ps91 :7),
-Les expériences de protection et de délivrances de Daniel et ses compagnons (Dn 6 :23 /Dn3 :21,24-25),
-Les délivrances opérées par Dieu dans ces différentes scènes bibliques (2Chr20 :22 / 2Rois6 :15,16-17),
-Enfin les phénomènes des rêves et des songes. (Dn 4 :2/Dn7 :1).
Le monde spirituel est un milieu ou l'homme n'a pas le droit d'y pénétrer, sans l'accord ni l'autorisation du Créateur, cependant peut y agir selon qu'il est de Dieu ou de Satan. C'est dans ce monde que les esprits opèrent. C'est dans le spirituel que se prennent toutes les grandes décisions de l'humanité ; tous les combats et toutes les guerres y sont

inspirés. C'est pourquoi avant que le sang de Jésus soit versé sur la croix de façon visible, il avait déjà coulé dans le jardin de Gethsémani comme nous avons vu précédemment (Lc 22 :44).

Nous devons donc considérer que notre intercession a de l'effet lorsqu'elle pénètre dans ce milieu spirituel, où nous sommes combattus mais que nous remportons véritablement la victoire par Dieu, le Maître de ce monde. Le Maître des esprits, le Seigneur Jésus Christ, déploie un arsenal de guerre pour assurer notre victoire.

Chapitre 3
IMPORTANCE DE L'INTERCESSION

Les apôtres donnaient une grande place au temps de la prière avant de prêcher : « *Et nous, nous continuerons à nous appliquer à la prière et au ministère de la parole* ». (Actes 6:4)

Nous étudierons les types de prière enseignée dans les Saintes Ecritures, la place que les dons spirituels occupent dans l'intercession, le cycle de la prière pour mieux comprendre l'impact de nos prières, assurance à nous encourager dans ce ministère d'intercession.
Il y a différents types de prière ou des niveaux de prière.
L'apôtre Paul dit de faire, par l'Esprit toute sorte de prière et de supplication, et d'y veiller avec une entière persévérance (Eph 6 :18).
Ailleurs, il recommande de ne s'inquiéter de rien, mais de faire connaître à Dieu nos demandes en toutes choses, par la prière et la supplication, avec des actions de grâce (Ph4 :6-7). C'est ainsi que la paix de Dieu gardera nos cœurs et nos pensées en Christ Jésus.

A- LES DIFFERENTS TYPES DE PRIERE

Ici, nous verrons quelques types de prière, à savoir la prière de supplication, la prière de combat, la prière prophétique ou proclamation prophétique, la prière d'intercession, la prière en pensée. Mais qu'est-ce qu'il en est de tout cela au juste ?

1- La prière de supplication (Dn9 :8-9 ; 17-19/ 2Rs1 :13-14)

C'est la prière dans laquelle l'on s'adresse à Dieu en demandant une faveur de sa part, mais au cours de laquelle il y a une pensée de repentance. Celui qui fait la prière est concerné par le sujet ; il a un bénéfice qu'il tire du sujet, alors que ce n'est pas le cas dans l'intercession.
Dans la supplication, il faut reconnaître sa faute qui peut être un obstacle dans la réponse, et regarder à la clémence et la miséricorde de Dieu avec insistance.

2- La prière de combat (1Sam17 :34-36 ; 45-46 / Ex18 :8-13 / Eph 6 :10-17 / Jos10 :12)

Dans la prière de combat, on ne s'adresse pas à Dieu, mais plutôt à des situations, à des esprits mauvais; on n'a pas à faire à Dieu, quoiqu'on ait appui sur Lui. Avec conviction et autorité en se servant des armes spirituelles, on traite avec les démons et leur pouvoir (Eph6 :10-17). Ces armes nous donnent une assurance (2Cor10 :3-5/ Mc16 :17).

Illustration de combat

David dans sa surveillance du troupeau, était confronté au lion ou à l'ours. Sa stratégie de défense est un exemple frappant de combat spirituel que tout berger doit suivre. Il pourchassait le lion, le frappait et arrachait la bête de sa gueule. Et si le lion se dressait contre lui (s'opposait à lui), il le saisissait, le frappait et le tuait (1Sam17 :34-36).

Dans un combat spirituel, lorsque le prédateur (le mauvais esprit) se met à fuir avec la victime, voici les phases à respecter (ce que David faisait) :

-il faut ***pourchasser*** (poursuivre) le prédateur de sorte à le rattraper,

-une fois rattrapé, il faut le ***frapper*** de sorte à l'affaiblir,

-et lorsqu'il est affaibli, lui ***arracher*** la victime.

Ce sont ces trois verbes d'actions très fortes à exécuter dans ce cas précis.

Mais au cas où le prédateur se dresse contre soi (l'intercesseur), nous devons toujours suivre la stratégie de David.

C'est que David après l'avoir poursuivi et rattrapé, il va :

-le ***saisir***,

-le ***frapper***,

-et cette fois-ci le ***tuer***.

Donc ici, nous remarquons ceci ; *saisir*, *frapper* et *tuer* sont les actions à exécuter dans la mesure où le prédateur ne veut pas « céder» ni lâcher prise.

En face de Goliath le philistin, David opposa une résistance ferme, avec une complète assurance en l'Eternel, le Dieu des

armées (1Sam17 :45-46). C'est ainsi que doit se faire un combat spirituel.
En clair, lorsqu'un combat ou une prière de délivrance est menée et que l'esprit prédateur (sorcier ou autre) ne veut pas lâcher prise, il faut le ***tuer*** pour arracher évidement la victime de son emprise. Mais encore là, il faut aller jusqu'au bout et ne pas abandonner la victime dans la gueule.

3- **La prière prophétique** (Ez37 :15-28/ Jér13 :1-11/ Ez4 :3-22)

a) Définition 1: une action prophétique est un acte posé dans le présent dont la portée se retrouve dans le futur. Les actions prophétiques sont inspirées d'une vision que Dieu nous donne ou communique pour la matérialiser ou la rendre visible à tous. En général, elle n'est pas comprise lorsqu'elle est posée au départ.
Cet acte fut posé pour révéler la façon dont Dieu voulait traiter Juda et Israël.
On peut mener une action prophétique dans la vie d'une personne, d'une famille, d'une entreprise, d'une nation, d'un peuple, etc.
Exemple 1 : Pour détruire l'orgueil de Juda et d'Israël, Dieu demande à Jérémie le prophète d'acheter une ceinture de lin qu'il mettra à ses reins sans la tremper dans l'eau. Ensuite Jérémie va cacher la ceinture dans la fente d'un rocher vers l'Euphrate.
Plus tard, il alla récupérer la ceinture, mais voici qu'elle était abîmée, elle n'était plus bonne à rien. La ceinture représente Juda et Israël (Jér13 :1-11). Faites vous-mêmes un exercice d'exégèse de cette action prophétique!
Exemple 2 : La réunification future des deux royaumes (celui du Nord Israël et celui du Sud Juda) est entrevue dans ce geste prophétique de haute portée.
Deux bois représentants Juda et Joseph vont être rapprochés l'un de l'autre de sorte à avoir une seule pièce de bois, unies dans la main du prophète Ezéchiel (Ez37 :15-17).

Cette vision prophétique reste une grande aspiration du peuple juif (Acte 1 :6).
Les actions prophétiques se font par les enfants de Dieu de même que par les païens (occultistes), mais chaque clan a sa connexion spirituelle.
La Côte d'Ivoire fut divisée en 2002 par action prophétique défavorable. Ceci était annoncé dans les médias. Mais l'origine est d'ordre occulte et mystique. La carte nationale fut déchirée par une rébellion, sous l'effet de la colère. Malheureusement, l'église s'est affichée passive, en ne réagissant pas à cet acte, et cette division est arrivée physiquement. C'est ce qu'on appelle action prophétique occulte ou incantation prophétique.
Les actions prophétiques devront être faites lorsqu'on acquiert un terrain, une maison, un travail, une voiture ; quand un enfant vient au monde, lors du contrat d'une alliance (mariage et autre) etc. Mais faut-il qu'elle soit toujours inspirée.
Plusieurs souffrent aujourd'hui parce que des actions prophétiques négatives et mystiques ont été faites sur leur vie par leurs parents ignorants ou complices dans des rituels d'alliance, ou par une tiers personne animée de méchanceté qui vit dans leur entourage où qu'ils ont rencontrée lors d'un voyage.
Il est important de lire l'histoire du siège de la ville, prophétisé en action inspirée, par le prophète Ezéchiel (Ez 14 :3-22).
Exemple 3 : Agabus va prophétiser les tribulations qui attendent l'apôtre Paul (Ac 21 :10-12).

b) Définition 2 : La prière prophétique est la prière qui s'adresse à Dieu sous l'inspiration du Saint Esprit. Cette prière peut annoncer un fait ou une situation vécue par l'intéressé, parce que dans ce type de prière nous sommes poussés par le Saint-Esprit. Nous intercédons par révélation ou inspiration ; c'est-à-dire que nous voyons une situation (tableau ou vision) à partir de laquelle nous prions ou que, nous sommes poussés par le Saint Esprit, les paroles étant inspirées par Lui.

Exemple 1 : La prière de Marie (Lc1 :46-49)

Ici, Marie la mère de Jésus le Messie, prophétise qu'elle sera vénérée, adorée de génération en génération, pas parce que Dieu le veut, mais parce que Dieu a fait pour elle de grandes choses. C'est-à-dire que les hommes auront cet élan pour elle, donc ils s'attacheront à elle à cause de la grâce qui lui a été faite (Lc1 :8), celle de concevoir et d'enfanter le fils unique de Dieu. Elle a donc été inspirée et a vu l'avenir des hommes par rapport à elle.

Exemple 2 : La prière de Siméon (Lc2 :27-49)

Dans cette prière, Siméon annonce la destinée ministérielle de l'enfant Jésus à sa mère résumée en ces termes:

- Faire chuter et relever plusieurs en Israël,
- Etre un signe qui provoquera la contradiction.

Siméon fait également savoir à Marie la souffrance psychique qui l'attend à cause de la grâce qu'elle a eu, en ces termes « *une épée te transpercera l'âme* ». C'est une prière prophétique, donc inspirée par le Saint Esprit.

4- Prière de proclamation

a)Définition 3 : La prière de proclamation est une prière dans laquelle nous recevons une inspiration du Seigneur et faisons une déclaration sur la base de la foi (Mc 11 :17-23). Dans la proclamation on dit ce qu'on va faire; on parle aux situations et aux esprits. La foi reste donc une dynamique, une force d'action de ce type de prière.

Exemple1 : David va affronter le géant Goliath par proclamation. Il a dit : «*...moi je marche contre toi au nom de l'Eternel des armées, du Dieu des troupes d'Israël, ... aujourd'hui je donnerai les cadavres du camp des Philistins aux animaux de la terre,...* » (1 Sam17 :45-46).

Conséquence de la proclamation audacieuse et inspirée du jeune David, Goliath fut tué la tête coupée par David (1Sam17 :51).

Exemple 2 : Une femme rendue infirme par un esprit depuis 18 ans se redressa en un instant sur une déclaration du Seigneur Jésus (Luc 13 :12-13).

Exemple 3 : A Lystre, un impotent des pieds, infirme depuis sa naissance, se leva d'un bond sur une proclamation faite par Paul, sur la base de la foi, et se mit à marcher (Ac 14 :8-10).

Qu'est-ce qu'il en est au juste dans la pratique ?

La prière de proclamation consiste à déclarer des paroles sur les éléments et les événements ou situations de notre environnement. Nous devons parler à la nature dans certains cas (Jos10 :12-14), parler à notre environnement dans d'autres.

✓ **Exemples pratiques et actualisés**

1) Pour une entreprise.

Je veux entreprendre la construction d'une maison, la création d'une entreprise, ou d'une plantation, je dois faire des déclarations et des proclamations sur la base du texte d'Esaïe 66 :21-25. Et je marque cette entreprise par Ap1 :8.

Dans le cas d'une construction de maison (bâtiment) ou d'une plantation, je dois parler à la terre sur la base de Job 38 :13-15, pour que les extrémités de la portion de terre où sera bâtie cette entreprise soit saisies, contrôlées en recevant les ordres au Nom du Seigneur Jésus Christ. A partir de cette prière faite, les méchants (tous ceux qui voudront vous nuire à cause de cette entreprise) seront secoués, privés de lumière et le bras qui voudra se lever contre vous sera brisé, conformément aux Saintes Ecritures.

2) Contre les projets méchants (Es8 :9-10 /Es54 :17 Nb23 :23).

Je dois m'adresser à ces projets et leur déclarer la terreur, leur anéantissement, leur échec en citant les paroles de Dieu à cet effet. Les projets de morts, de malheur, d'accident, de division familiale doivent être dans le viseur des proclamations.

3) Détruire l'influence des occultistes sur les astres et éléments de la nature.

Ici, il est question de rappeler d'abord aux éléments de la nature leur place et leur fonction.

Par exemple, les cieux doivent raconter la gloire de Dieu et l'étendue annoncer l'œuvre de ses mains (Ps19 :2 /Ps148 :3).

Chaque temps doit instruire (c'est-à-dire communiquer sa vigueur) à un autre (Ps19 :3).

Ensuite il s'agira de détruire toutes les manipulations de ces méchants et proclamer les bénédictions de l'Eternel en rapport avec les éléments de la nature (De33 :13-17). Si on vous fait croire que le soleil donne le paludisme, refusez cela, car le soleil n'a pas été créé par Dieu à cette fin. D'ailleurs, les scientifiques nous disent que le paludisme vient de l'anophèle qui est l'insecte transmetteur du paludisme.

NB : Le sang de Jésus joue un rôle important dans toutes les prières que nous faisons. C'est le seul sang qui parle plus que celui d'Abel (Gn4 :10 / Hb12 :24) et exerce les jugements de Dieu (Ap8 :7 /1Pie1 :2a). Le sang de Jésus est à notre disposition pour la prière ; nous devons donc l'utiliser (invoquer) au cours des prières prophétiques et de proclamation (Hb9 :13-14,22). Car il sert à protéger (Ex12 :7,12-14), à racheter (Lv25 :47-49 / 1Pie1 :18-19), et même à contracter une alliance en Christ (Hb9 :20).

5- La prière d'intercession

L'un des premiers ministères que le Seigneur a exercé après sa résurrection et son ascension était d'intercéder pour nous (Hb 7 :25).

L'intercession intervient quand le courroux de Dieu est manifeste.
L'intercession est la prière pour autrui lorsque Dieu est prêt à sanctionner, à punir. Cette prière se fait sous la direction du Saint Esprit, étant rempli d'amour venant de Dieu, avec l'assurance qu'il y aura des résultats divins.
L'intercesseur ici est plus qu'un médiateur. Il a un objectif de réconciliation.
• Les trois concepts de l'intercession sont l'intervention, l'intersection, l'interception. Un intercesseur est quelqu'un qui intervient, ou se met entre deux partie, ou intercepte. Qu'est-ce que cela renferme ?

1) **L'intervention** suppose une urgence dans laquelle il y a un besoin d'intercéder. C'est le moment où l'on ressent le besoin de plaider. D'où l'intercesseur s'invite dans le débat. Intervenir c'est adhérer, soutenir et aider. Celui qui intercède doit adhérer, soutenir et aider celui pour qui il intercède.
2) **L'intersection** est la position entre deux éléments (deux cases, deux chambres, deux cellules, deux compartiments) équidistants, le point commun d'achoppement (ce point est développé par une des parties) de deux acteurs d'une crise qui survient. Il faut donc se mettre au milieu d'eux, à égale distance des protagonistes. Et donc l'intercesseur occupe cette position là, sans parti-pris. Il se met donc à l'intercession.
3) **L'interception** est le fait d'intercepter, d'encaisser, de recevoir, d'accueillir, de supporter et même de subir des outrages, des injures, des agressions (attaques) et d'accepter le mécontentement du plus fort au détriment des caprices du plus faible. Ici, le plus fort est celui qui a raison, et le plus faible est celui qui a tort. Il faut être à mesure de calmer le plus faible eu égard à ses bêtises pour le ramener à la raison.

On distingue deux types d'intercession. Il y a l'intercession à deux variables et l'intercession à trois variables.

Dans l'intercession à deux variables, nous avons deux parties à réconcilier. C'est le cas où on plaide auprès du plus fort en faveur du plus faible.
Dans le cas où il y a trois variables, nous avons trois parties. Nous avons le plus fort qui est sollicité pour venir en aide au plus faible qui subit une injustice ou une attaque par un oppresseur.

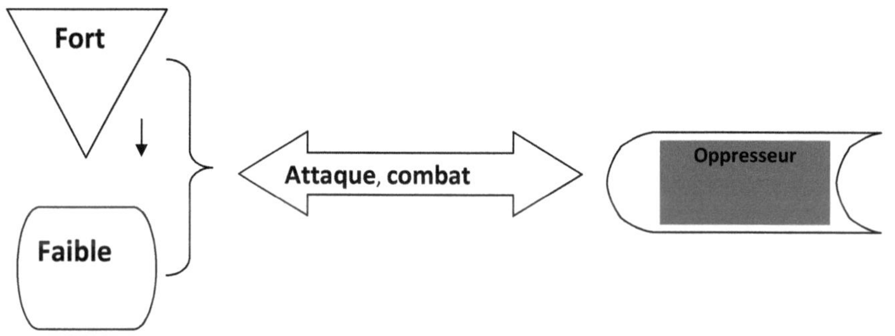

Exemples :

• L'intercession d'Abraham en faveur de Sodome à cause de Loth son neveu (Gn 18 :25-33).

• L'intercession de Moïse pour Myriam sa propre sœur (Nb 12 : 9-16) lorsque celle-ci offensait Dieu en s'attaquant à l'autorité de Moïse. Ce sont des cas d'intercession à deux variables (Dieu et Myriam).

• L'intercession de Moise en faveur du peuple d'Israël qui était devenu un peuple au cou raide (Ex32 :9-12). C'est ce que notre avocat, le Seigneur Jésus continue de faire pour nous qui croyons (Hb7 :25).

• Nous avons un autre exemple d'intercession, mais à trois variables. Il s'agit de l'intercession de Moïse accompagné d'Aaron et Hour en faveur d'Israël contre Amalec (Ex17 :8-16). La première variable est Dieu le plus fort, la seconde est le peuple d'Israël et la troisième le peuple d'Amalec. Amalec représente les hordes de l'enfer, Israël le peuple de Dieu et Dieu est le libérateur. Et donc les trois variables sont (Israël, Amalek, et Dieu).

Dans l'intercession, nous avons un grand secours; le Saint-Esprit vient à notre aide lorsque nous ne savons pas ce qu'il convient de demander (Rm8 :26). C'est en ce moment que nous recevons l'inspiration de la prière prophétique, la proclamation prophétique.

6- La prière en pensée

C'est une des prières les plus efficaces. Elle se fait sans qu'on entende la voix, c'est dans la pensée qu'elle se déroule.

C'est la prière de discrétion. Elle est différente de la pensée positive qui est un concept et une idéologie occulte et mystique. Dans la prière en pensée, il ne s'agit pas de faire le vide qui ouvre une porte à une puissance démoniaque dans notre esprit, comme cela se fait dans la méditation transcendantale pour la projection astrale. Mais il est plutôt question de développer la foi sans prononcer de parole, vers Dieu.

L'apôtre Paul dit que Dieu peut faire même au delà de tout ce que nous demandons ou pensons (Ephesien3 :20).

C'est pourquoi l'objet de nos pensées doit être sanctifié afin d'être exaucé (Ph 4 :8).

Dans la prière en pensée nous soumettons des demandes à Dieu sans parole, alors que la pensée positive consiste à développer un certain pouvoir qu'on dirait exister en l'homme, pour influencer sa vie (doctrine du développement personnel).

Il y a un exemple biblique où le Seigneur Jésus a guéri un serviteur d'un centenier par la prière en pensée. Jésus n'eut pas besoin de faire une demande, mais sur la base de la confession de foi du centenier, Jésus l'admira simplement (Luc7 :9-10). Quelle puissante prière explosive en pensée !

La prière en pensée reste un moyen important pour l'intercesseur.

Cet exemple de prière est une preuve que l'autorité ne réside pas forcément dans le volume vocal, mais plutôt dans la communion avec Dieu par la foi.

« *Et Dieu peut vous combler de toutes sortes de grâces, afin que, possédant toujours en toutes choses de quoi satisfaire à*

tous vos besoins, vous ayez encore en abondance pour toute bonne œuvre, » (2Cor9 :8)
« *Nul ne peut lui être comparé pour tous les signes et les miracles que Dieu l'envoya faire au pays d'Égypte contre Pharaon, contre ses serviteurs et contre tout son pays,* » (Deu34 :11)

B- DIEU REPOND A LA PRIERE

Des intercesseurs sont des personnes nées de nouveau qui vivent et pratiquent la foi véritable ; la foi en tant que rapport de la prière et de l'exaucement. C'est-à-dire que pour eux, si Dieu exauce la prière, l'élément déterminant et déclencheur de l'action de Dieu, c'est la foi fondamentale et authentique, qui devient de plus en plus une denrée rare au détriment de pratiques obscures dans la dévotion chrétienne, comme le Seigneur le prédisait de façon interrogative : « *Lorsque le Fils de l'homme reviendra sur terre, trouvera-t-il de la foi..* » ? (Lc18 :8)
En d'autres termes, pour qu'il y ait exaucement, la foi est le facteur incontournable selon cette formule :

$$\mathbf{f} = \frac{\mathrm{e}}{\mathrm{p}}; \qquad \mathbf{p} = \frac{\mathrm{e}}{\mathrm{f}}; \qquad \mathbf{e} = \boldsymbol{f} \times \boldsymbol{p}$$

NB : f=foi, e=exaucement, p=prière (voir **Rapport prière/exaucement au point 4)**
Nous disons que nous sommes exaucés lorsque la foi qui vient de la Parole de Christ, qui nous donne une ferme assurance des choses qu'on espère et une démonstration de celles qu'on ne voit pas, est intervenue dans la prière « *Or la foi est une ferme assurance des choses qu'on espère, une démonstration de celles qu'on ne voit pas.* » (Heb11 :1).
La prière n'est donc pas une entreprise vaine (Jér32 :27)

1. Exemples bibliques de la réponse de Dieu à la prière

➢ Prière d'Elie face aux prophètes de Baal (1Rs18 :36-38).

Dans cette prière d'Elie, nous avons des enseignements à tirer et à pratiquer à juste titre.

✓ Il faut désigner Celui à qui on s'adresse, le nommer, le référencer, et le repérer, car il n'est pas n'importe lequel des dieux.

Ce Dieu n'est pas Zeus (le pendant de Jupiter pour les Romains) que les Grecs ont craint et adoré, ni Horus des Egyptiens, ni Bouddha des Hindous, encore moins les génies des ancêtres de toutes les civilisations, tous des entités spirituelles immorales vaincues dans toutes les générations par le Dieu des armées « *Toi, Éternel, Dieu des armées, Dieu d'Israël, Lève-toi, pour châtier toutes les nations! N'aie pitié d'aucun de ces méchants infidèles!* » (Ps59 :5).

« *Je suis l'Éternel, et il n'y en a point d'autre, Hors moi il n'y a point de Dieu; Je t'ai ceint, avant que tu me connusses.* » (Es45 :5)

« *C'est afin que l'on sache, du soleil levant au soleil couchant, Que hors moi il n'y a point de Dieu: Je suis l'Éternel, et il n'y en a point d'autre.* » (Es45 :6)

« *Car ainsi parle l'Éternel, Le créateur des cieux, le seul Dieu, Qui a formé la terre, qui l'a faite et qui l'a affermie, Qui l'a créée pour qu'elle ne fût pas déserte, Qui l'a formée pour qu'elle fût habitée: Je suis l'Éternel, et il n'y en a point d'autre.* » (Es45 :18)

« *Déclarez-le, et faites-les venir! Qu'ils prennent conseil les uns des autres! Qui a prédit ces choses dès le commencement, Et depuis longtemps les a annoncées? N'est-ce pas moi, l'Éternel? Il n'y a point d'autre Dieu que moi, Je suis le seul Dieu juste et qui sauve.* » (Es45 :21)

« *Jésus répondit: Voici le premier: Écoute, Israël, le Seigneur, notre Dieu, est l'unique Seigneur;* » (Mc12 :29) Par exemple Elie l'appelle « *Dieu d'Abraham, Dieu d'Isaac, Dieu de Jacob* ». C'est un Dieu unique par cette référence tripartite et tri-patriarcale, car Abraham, Isaac et Jacob sont des références, des repères historiques et humanitaires. Souvenez vous de ce que Dieu a fait dans leur vie, et comment ont-ils réagi dans leur génération et leur temps. Tous les deux derniers ont un repère : Abraham, le père de la foi. Donc nous ne prions pas n'importe quel dieu. Nous prions le Dieu Véritable et Vivant ! (1Jn5 :20-21/1Rs17 :1)

✓ Notre prière doit atteindre trois objectifs (buts) :

- Que l'on sache que Celui à qui nous parlons, et qui nous exauce est l'Eternel Dieu, dans la localité, la famille, le pays, là où nous prions, afin que les cœurs retournent à Lui seul (37);
- Que l'on sache que nous sommes ses serviteurs, des personnes réellement au service de Dieu, et non des gens qui se servent de Dieu, des mercenaires ;
- Et que finalement, les hommes comprennent que les œuvres opérées au travers de nous, sont faites par la Parole de Dieu ; c'est-à-dire en obéissant à la Parole de Dieu, et non sur une base imaginaire et charnelle ou mystique ;

2. Promesses bibliques de la réponse de Dieu à la prière

➢ Dieu nous écoute selon sa volonté et nous possédons ce que nous Lui demandons (1Jn5 :14-15)

➢ Dieu exauce les enfants d'Israël selon ses projets (Jér29 :11-14)

Nos prières sont exaucées selon les promesses et les prévisions de Dieu pour nous. Pouvons-nous nous demander : quels sont les projets de Dieu dans notre vie ou sur notre vie ? Car Dieu forme et trace notre avenir dans des projets... L'apôtre Paul dit que nous avons été bénis de toutes sortes de bénédictions spirituelles dans les lieux célestes en Christ (Eph1 :3). Notre avenir se réalise dans les projets de Dieu pour nous. Le domaine de réalisation de notre avenir (le domaine de définition d'une équation, pour parler comme les mathématiciens) se trouve dans les projets, le désir de Dieu pour nous ainsi que des évidences et des faits. Voici par exemple quelques projets, désirs, d'évidences et faits... :

- **Salut,**

« *Car l'Éternel, votre Dieu, marche avec vous, pour combattre vos ennemis, pour vous sauver.* » (Deu20 :4)

« *Ainsi Dieu protège le faible contre leurs menaces, Et le sauve de la main des puissants;* » (Job5 :15)

« *En ce jour l'on dira: Voici, c'est notre Dieu, en qui nous avons confiance, Et c'est lui qui nous sauve; C'est l'Éternel, en qui nous avons confiance; Soyons dans l'allégresse, et réjouissons-nous de son salut!* » (Es25 :9)

« *L'Éternel, ton Dieu, est au milieu de toi, comme un héros qui sauve; Il fera de toi sa plus grande joie; Il gardera le silence dans son amour; Il aura pour toi des transports d'allégresse.* » (Soph3 :17)

« *Et mon esprit se réjouit en Dieu, mon Sauveur,* » (Lc1 :47)

« *Nous travaillons, en effet, et nous combattons, parce que nous mettons notre espérance dans le Dieu vivant, qui est le Sauveur de tous les hommes, principalement des croyants.* » (1Tim4 :10)

« *Dites: Sauve-nous, Dieu de notre salut, Rassemble-nous, et retire-nous du milieu des nations, Afin que nous célébrions ton saint nom Et que nous mettions notre gloire à te louer!* » (1Chr16 :335)

« *Le salut est auprès de l'Éternel: Que ta bénédiction soit sur ton peuple!* » (Ps3 :8)

« *Venez, chantons avec allégresse à l'Éternel! Poussons des cris de joie vers le rocher de notre salut.* » (Ps95 :1)

« *Alors quiconque invoquera le nom de l'Éternel sera sauvé; Le salut sera sur la montagne de Sion et à Jérusalem, Comme a dit l'Éternel, Et parmi les réchappés que l'Éternel appellera.* » (Joel2 :32)

« *Il n'y a de salut en aucun autre; car il n'y a sous le ciel aucun autre nom qui ait été donné parmi les hommes, par lequel nous devions être sauvés.* » (Ac4 :12)

« *Car la grâce de Dieu, source de salut pour tous les hommes, a été manifestée.* » (Tite2 :11)

- **Guérison,**

« *Abraham pria Dieu, et Dieu guérit Abimélec, sa femme et ses servantes; et elles purent enfanter.* » (Gn20 :17)

« *Il dit: Si tu écoutes attentivement la voix de l'Éternel, ton Dieu, si tu fais ce qui est droit à ses yeux, si tu prêtes l'oreille à ses commandements, et si tu observes toutes ses lois, je ne te frapperai d'aucune des maladies dont j'ai frappé les Égyptiens; car je suis l'Éternel, qui te guérit » (Ex15 :26)*

« *C'est lui qui pardonne toutes tes iniquités, Qui guérit toutes tes maladies;* » (Ps103 :3)

« *Il envoya sa parole et les guérit, Il les fit échapper de la fosse.* » (Ps107 :20)

« *Il guérit ceux qui ont le cœur brisé, Et il panse leurs blessures.* » (Ps147 :3)

« *Le soir, on amena auprès de Jésus plusieurs démoniaques. Il chassa les esprits par sa parole, et il guérit tous les malades,* » (Mat8 :16)

« *Mais Jésus, l'ayant su, s'éloigna de ce lieu. Une grande foule le suivit. Il guérit tous les malades* » (Mat12 :15)

« *Alors on lui amena un démoniaque aveugle et muet, et il le guérit, de sorte que le muet parlait et voyait.* » (Mat12 :22)

« *Quand il sortit de la barque, il vit une grande foule, et fut ému de compassion pour elle, et il guérit les malades.* » (Mat14 :14)

« *Alors s'approcha de lui une grande foule, ayant avec elle des boiteux, des aveugles, des muets, des estropiés, et beaucoup d'autres malades. On les mit à ses pieds, et il les guérit;* » (Mat15 :30)

« *Une grande foule le suivit, et là il guérit les malades* » (Mat19 :2)

« *Des aveugles et des boiteux s'approchèrent de lui dans le temple. Et il les guérit* » ***(Mat21 :14)***

« *Il guérit beaucoup de gens qui avaient diverses maladies; il chassa aussi beaucoup de démons, et il ne permettait pas aux démons de parler, parce qu'ils le connaissaient.* » (Mc1 :34)

« *A l'heure même, Jésus guérit plusieurs personnes de maladies, d'infirmités, et d'esprits malins, et il rendit la vue à plusieurs aveugles* » (Lc7 :21)

« *Les foules, l'ayant su, le suivirent. Jésus les accueillit, et il leur parlait du royaume de Dieu; il guérit aussi ceux qui avaient besoin d'être guéris.* » (Lc9 :11)

« *Mais Jésus, prenant la parole, dit: Laissez, arrêtez! Et, ayant touché l'oreille de cet homme, il le guérit.* » (Lc22 :51)

« *Pierre lui dit: Énée, Jésus Christ te guérit; lève-toi, et arrange ton lit. Et aussitôt il se leva.* » (Ac9 :34)

« *Le père de Publius était alors au lit, malade de la fièvre et de la dysenterie; Paul, s'étant rendu vers lui, pria, lui imposa les mains, et le guérit.* » (Ac28 :8)

« *Voici, je lui donnerai la guérison et la santé, je les guérirai, Et je leur ouvrirai une source abondante de paix et de fidélité.* » (Jér33 :6)

« *Mais pour vous qui craignez mon nom, se lèvera Le soleil de la justice, Et la guérison sera sous ses ailes; Vous sortirez, et vous sauterez comme les veaux d'une étable,* » (Mal4 :2)

« *Il leur répondit: Allez, et dites à ce renard: Voici, je chasse les démons et je fais des guérisons aujourd'hui et demain, et le troisième jour j'aurai fini.* » (Lc13 :32)

« *C'est par la foi en son nom que son nom a raffermi celui que vous voyez et connaissez; c'est la foi en lui qui a donné à cet homme cette entière guérison, en présence de vous tous.* » (Ac3 ;16)

« *en étendant ta main, pour qu'il se fasse des guérisons, des miracles et des prodiges, par le nom de ton saint serviteur Jésus.* » (Ac4 :30)

« *Au milieu de la place de la ville et sur les deux bords du fleuve, il y avait un arbre de vie, produisant douze fois des fruits, rendant son fruit chaque mois, et dont les feuilles servaient à la guérison des nations* » (Ap22 :2)

- **Bonheur (social, conjugal, spirituel, etc),**

« *L'Éternel, ton Dieu, te comblera de biens en faisant prospérer tout le travail de tes mains, le fruit de tes entrailles, le fruit de tes troupeaux et le fruit de ton sol; car l'Éternel prendra de nouveau plaisir à ton bonheur, comme il prenait plaisir à celui de tes pères,* » (Deu30 :9)

« *Il n'y avait pour les Juifs que bonheur et joie, allégresse et gloire.* » (Esth8 :16)

« *Tu jouiras du bonheur sous ta tente, Tu retrouveras tes troupeaux au complet,* » (Job5 :24)

« *L'un meurt au sein du bien-être, De la paix et du bonheur,* » (Job21 :23)

« *Attache-toi donc à Dieu, et tu auras la paix; Tu jouiras ainsi du bonheur.* » (Job22 :21)
« *Oui, le bonheur et la grâce m'accompagneront Tous les jours de ma vie, Et j'habiterai dans la maison de l'Éternel Jusqu'à la fin de mes jours.* » (Ps23 :6)
« *Son âme reposera dans le bonheur, Et sa postérité possédera le pays.* » (Ps25 :13)
« *Heureux celui que tu choisis et que tu admets en ta présence, Pour qu'il habite dans tes parvis! Nous nous rassasierons du bonheur de ta maison, De la sainteté de ton temple.* » (Ps65 :4)
« *L'Éternel aussi accordera le bonheur, Et notre terre donnera ses fruits.* » (Ps85 :12)
« *L'Éternel te bénira de Sion, Et tu verras le bonheur de Jérusalem Tous les jours de ta vie;* » (Ps128 :5)
« *Celui qui trouve une femme trouve le bonheur; C'est une grâce qu'il obtient de l'Éternel.* » (Pv18 :22)
« *Afin que vous soyez nourris et rassasiés Du lait de ses consolations, Afin que vous savouriez avec bonheur La plénitude de sa gloire* » (Es66 :11)

- **Délivrance,**

« *Dieu m'a envoyé devant vous pour vous faire subsister dans le pays, et pour vous faire vivre par une grande délivrance.* » (Ex45 :7)
« *Moïse répondit au peuple: Ne craignez rien, restez en place, et regardez la délivrance que l'Éternel va vous accorder en ce jour; car les Égyptiens que vous voyez aujourd'hui, vous ne les verrez plus jamais.* » (Ex14 :13)
« *Il se leva, et frappa les Philistins jusqu'à ce que sa main fût lasse et qu'elle restât attachée à son épée. L'Éternel opéra une grande délivrance ce jour-là. Le peuple revint après*

Éléazar, seulement pour prendre les dépouilles. » (2Sam23 :10)

« *et il dit: Ouvre la fenêtre à l'orient. Et il l'ouvrit. Élisée dit: Tire. Et il tira. Élisée dit: C'est une flèche de délivrance de la part de l'Éternel, une flèche de délivrance contre les Syriens; tu battras les Syriens à Aphek jusqu'à leur extermination.* » (2Rs13 :17)

« *Vous n'aurez point à combattre en cette affaire: présentez-vous, tenez-vous là, et vous verrez la délivrance que l'Éternel vous accordera. Juda et Jérusalem, ne craignez point et ne vous effrayez point, demain, sortez à leur rencontre, et l'Éternel sera avec vous!* » (2Chr20 :17)

« *L'Éternel est la force de son peuple, Il est le rocher des délivrances de son oint.* » (Ps28 :8)

« *Dieu est mon roi dès les temps anciens, Lui qui opère des délivrances au milieu de la terre.* » (Ps74 :12)

« *Le cheval est équipé pour le jour de la bataille, Mais la délivrance appartient à l'Éternel.* » (Pv21 :31)

« *Voici, Dieu est ma délivrance, Je serai plein de confiance, et je ne craindrai rien; Car l'Éternel, l'Éternel est ma force et le sujet de mes louanges; C'est lui qui m'a sauvé.* » (Es12 :2)

- **etc.**

3. Logique de l'exaucement

L'exaucement est le fait d'être entendu et de recevoir une suite favorable à une demande exprimée. Et cette suite exige une démarche et obéit à des principes. Jetons un regard sur quelques uns :

- La logique de l'exaucement se trouve dans la bonté du Père Céleste (Mat7 :7-11).

Si Dieu n'était pas bon, personne ne serait exaucé ! Pour Dieu, parce que les méchants savent donner de bonnes choses à leurs enfants, Dieu qui est Bon donne plus de bonnes choses à ses enfants. Et la dialectique dit :

- ✓ Quand on demande on reçoit ;
- ✓ Quand on cherche, on trouve ;
- ✓ Quand on frappe, on nous ouvre.

- ➢ La logique de l'exaucement dans la persévérance (Lc11 :6-9).
- ✓ On est exaucé également lorsqu'on importune, c'est-à-dire lorsqu'on agace, on embête, on persévère. Mais à quel moment et pourquoi persévérer et importuner dans la prière ?
  a) On importune ou on persévère dans la prière lorsque le temps pour lequel la demande ou la prière est faite est passé. On importune ou on persévère lorsqu'on a l'impression de ne pas être écouter ou pris en compte dans la suite à une demande.
  b) On importune et on persévère pour un sujet lorsqu'il nous tient à cœur, avec une importance capitale rattachée à l'usage de la demande. Il s'agit de prier avec permanence, continuité, persistance.
- ➢ Le Seigneur fait les choses demandées en son nom pour sa gloire (Jn14 :13-14) (Voir la prière d'Elie le prophète).
- ➢ Le Seigneur exauce quand nous demeurons en Lui (Jn15 :7).

Un des secrets de l'exaucement se trouve dans l'usage du verbe « *demeurer* ». Le Christ dit clairement si nous demeurons en Lui et que ses paroles demeurent en nous, nous sérions exaucés.

a) Nous demeurons en Christ lorsque nous trouvons notre plaisir et notre réalisation en Lui.
b) Les paroles de Dieu demeurent en nous lorsque nous les gardons fidèlement et que nous faisons ce qui Lui est agréable (1Jn3 :22), la méditons jour et nuit (Jos1 :8), lorsque nous aimons l'écouter comme Marie au pied du Maître, qui a fait tressaillir et frémir le

Seigneur Jésus et Le poussa à ressusciter Lazare, contrairement à Marthe qui prononçait la même phrase que Marie, sans effet sur le Maitre (Jn11 :21,32-33).

c) C'est parce que l'impotent de Lystre aimait la parole et l'écoutait au travers de Paul avec attention que Paul vit qu'il avait de la foi pour être guéri (Ac14 :8-9), et qu'il fut guéri instantanément.

4. Rapport prière/exaucement

Voici quelques versets que nous devons méditer en tant que membres d'un comité de délivrance ou d'intercession d'église locale.

NB : Ces verstes peuvent être des supports de thèmes de temps de formation et d'équipement en séminaires.

- Mat17 :20/21 :21/Mc11 :2,3-24 ;
- La foi, c'est la foi ! Elle n'a pas besoin d'être augmentée (Lc17 :5-6) ;
- La Parole de Dieu donne et communique la foi (Rom10 :17) ;
- Qu'est-ce que la foi ? Facteur et valeur pour être agréé (Hb11 :1,6) ;
- La foi détermine l'exaucement (Mat21 :22).

5. Comment prier de manière à obtenir une réponse.

Il y a justement des conditions pour être exaucé, en plus des promesses et de la foi, etc.

- Etre juste (Pv15 :29) ;
- Concentration et communion (Mat6 :6) ;
- Rechercher la gloire du Père (Jn17 :1) ;
- Persévérer et être en accord (Ac1 :14/Mat18 :19) ;
- Persévérance et suivi de la demande (Lc18 :5-7/Col4 :2) ;
- Humilité, recherche de l'Eternel et rejet du mal (2Chr7 :14) ;

- Prier au nom de Jésus (Jn14 :14) ;
- Demeurer en Christ (Jn15 :7) ;
- Avoir l'assurance d'être écouté (1Jn5 :17) ;
- Etre patient (Ps40 :1).

6. La prière à grande échelle

Le groupe d'intercession d'une église est l'organisation spirituelle qui traite de tous les sujets qui donnent à la communauté d'être en bonne santé, de vivre et d'agir dans son environnement en accomplissant la Mission. C'est pourquoi tous les départements ou structures d'une église locale doivent être liés à ce comité, parce que tous les sujets doivent lui être acheminés, si la communauté veut vivre des victoires et des triomphes incroyables.

Posons-nous la question : « *Notre église locale a-t-elle un tel groupe de prière ? Les membres sont-ils rompus à la tache de la prière et de l'intercession ?* »

Un groupe d'intercession est tellement incontournable que je me pose la question de savoir, s'il y a des réalités ou des domaines ou des besoins de l'église pour lesquels il n'y a pas besoin de prier. Non je ne crois pas! Rien ne doit être négligé ! C'est pourquoi la mise en place de ce groupe d'intercession relève de la vision que le leader de la communauté a, et présente.

Il importe donc de faire des prières individuelles et personnelles, des prières familiales, des prières communautaires, des prières communales, des prières régionales, nationales et même continentales.

Lorsqu'on arrive aux prières de type familiale, communautaire, communale, régionale ou nationale, nous sommes à une dimension en général de prière dite « **prière de combat** », pour traiter des questions de cartographie spirituelle à ces échelles-là.

Lorsque des chrétiens se rassemblent dans un espace public (un stade ou une salle de spectacle par exemple) pour prier ensemble, les formalités cérémonielles doivent être écartées pour faire place à des prières sincères et efficaces, des proclamations, des actions prophétiques, dirigés bien sur par des ouvriers ou des leaders qui s'y connaissent.
Mais ces rencontres de prière d'une telle envergure impactent et portent du fruit, parce que ceux qui se réunissent sont francs et sincères, et conduits sous la houlette d'intercesseurs aguerris.
Imaginez un instant, une rencontre de prière de combat spirituel contre les forces occultes au niveau familial, communal, régional, national ! Lorsque des chrétiens s'entendent et s'unissent pour de tels programmes de prière, l'atmosphère spirituelle des circonscriptions citées sera impactée, et la vie des individus va connaitre une amélioration évidente, sans compter que l'évangile connaitra un progrès à cette échelle.

a) Témoignage

« Des ressortissants d'un village de la Cote d'Ivoire nous ont sollicités pour une aide spirituelle.
En effet, ces cadres et enfants d'Agbahou (village situé entre Irié et Divo) ont constaté des échecs dans la réalisation de leurs projets et activités de développement communautaire ainsi que des difficultés professionnelles et du niveau très bas de cadres de cette localité. Ces blocages avaient des causes et des origines mystiques et occultes évidemment.
*Une cartographie spirituelle fut donc réalisée et des séances préparatoires auxquelles quelques cadres initiateurs de ce projet ont pris part ont constitué la procédure missionnaire. Une mission dénommée « **opération de rachat** » fut alors lancée pour une semaine dans le dit village. L'équipe des*

missionnaires préparée arriva dans la soirée aux environ de 19h GMT ; c'était donc la nuit. Dans cette même soirée, nous nous rendîmes aux limites des habitations du village pour continuer de prendre les portes d'entrée et de sortie. Vers 23h, nous nous sommes regroupés sur un site non loin du marché en train de prier, au grand étonnement des villageois qui se déplaçaient à petit nombre à cette heure tardive, pendant qu'on entendait des hurlements et aboiements de chiens dans tout le village. Le lendemain de ce jour qui était le deuxième jour de notre arrivée, nous nous rendîmes en brousse, guidés par un fils du village qui avait hésité au départ de nous accompagner en tant que guide pour la circonstance, de peur de subir une riposte et des représailles mystiques de la part des gardiens de la tradition ou des génies.

Nous avons donc mené des combats spirituels aux sept frontières qui encerclent le village. Des actions prophétiques et des proclamations sur des sites qui servaient d'autels démoniaques ont été menées par cette équipe de missionnaires estimée à une quinzaine de frères et sœurs, qui affrontaient ainsi les forces occultes, des esprits et des génies tutélaires, génies qui ont influencé longtemps ce magnifique village d'un très beau paysage et splendide.

Nous avions rencontré les chefs de tribus au nombre de huit sans exception, qui pour cette opération n'ont pas pu s'abstenir de nos rendez-vous. Les cours familiales de tous les chefs ont été visitées par l'équipe missionnaire, sans oublier la cour du chef du village, qui s'était absenté le jour des visites aux chefs pour les prières prophétiques. Des déclarations et des actions prophétiques sous la houlette du directeur de mission ont été faites avec tous ces chefs, y compris avec le chef adjoint que nous avons obligé de représenter son supérieur. Bref !

Après notre passage missionnaire dans ce village, les cadres et ressortissants nous contactent une semaine après pour nous signifier des faits en cours de production à leur stupéfaction.
En effet, des personnes soupçonnées d'appartenir à des confréries de sorciers connaissaient de graves crises de santé. Certaines de ces personnes étaient des chefs de tribu avec qui nous avions fait ces actions prophétiques, et qui sont morts mystérieusement. Et même certains ressortissants du village en fonction à Abidjan et impliqués dans le malheur des ressortissants, sont décédés à la suite de cette mission d'opération de rachat du village d'Agbahou. Contre toute attente, le chef du village est allé déposer sa démission au Sous préfet, parce que le statut de chef l'avait éjecté, suite aux prières faites dans sa cour. Le doigt de Dieu agissait ainsi pour la délivrance de ce village !
Mais ce qui est intéressant comme résultats attendus après cette mission, c'est que l'exploitation minière dont le village n'en tirait pas de bénéfice depuis des années d'existence, rapportait désormais et profitait non seulement à la jeunesse, mais à tout le village.
*Ce village baptisé par les Missionnaires Intercesseurs « **Agbahou cité de l'espérance** » a connu un début de développement mal géré en tout cas, car le texte d'Ecclésiaste lui a été malheureusement appliqué (Ec9 :14-17) ».*

b) Moralité

Ce qu'il faut retenir ici est que, si des frères et sœurs ressortissants de chaque village en difficulté s'organisent pour ce type de missions, plusieurs familles seront délivrées, des villes et des villages connaitront une visitation du Saint Esprit, la lumière de Dieu pénétrera ces contrées pour faire reculer les ténèbres et briser les malédictions sur plusieurs de nos villages qui souffrent des liens et influences de la sorcellerie.

- Imaginons que des cadres affranchis d'une région se mobilisent dans l'union pour la libération de leurs régions !
- Que des missions de rachat soient organisées et lancées à travers tout le pays, avec des Missionnaires Intercesseurs aguerris !
- Que de façon éclatée, des actions prophétiques soient menées contre les activités, œuvres et programmes occultes des confréries mystiques, occultes et de tutelles démoniaques !

Les fondements régionaux risquent de trembler pour libérer de nombreuses vies, car la terre tremble lorsque les disciples de Jésus prient (Ac 4:31).

Mais là aussi, c'est une question de vision et de fardeau du leadership chrétien. Il faut que dans l'exercice du ministère pastorale, les églises viennent en aide aux villages à travers les fidèles ressortissants de ces régions marquées, contrôlées et malmenées spirituellement par des puissances et pouvoirs maléfiques ; le développement peut assurément partir d'une telle vision de l'œuvre du ministère. Car le Dieu que nous servons et adorons est Celui du salut qui prend en compte tous les aspects de la délivrance, le salut holistique. Que chaque pasteur et leader d'église se mette à l'œuvre ici et maintenant pour assurer le bonheur des brebis sous leur responsabilité!

7. Une vision à partager et à réaliser

« *Un grand rassemblement de chrétiens issus de toutes les églises protestantes, évangéliques, méthodistes, pentecôtistes, charismatiques, tous les mouvements et*

organisations chrétiennes, pour une, deux ou trois jours de prière de combat et de rachat national.
Ce rassemblement dirigé et coordonné par tous les leaders charismatiques des communautés qui se mettent ensemble pour la circonstance, pour une œuvre commune, à savoir la délivrance de leur pays des forces et des entités spirituelles occultes et maléfiques, qui maintiennent les régions, les villes et les villages dans le sous développement et la misère.
Pendant ce même temps ; une autre partie de ce programme national qui se tient concomitamment, va concerner l'envoi d'équipes de Missionnaires Intercesseurs dans les différentes localités fortement affectées et influencées par les pratiques occultes qui plongent ainsi les populations dans les ténèbres démoniaques.
Ces équipes de MI (Missionnaires Intercesseurs) seront également coordonnées par des leaders intercesseurs qui iront sur les champs désignés comme des « théâtres d'opération » de combat spirituels à l'exemple de Moise, Aaron et Hur.
Ces missionnaires intercesseurs opéreront en synergie avec la masse de chrétiens participant au programme de prière nationale. Ces Missionnaires Intercesseurs avec leurs leaders, ainsi que les coordinateurs d'intercession nationale, seront recrutés pour un temps de formation préalable, afin de recevoir la même vision de combat national et développer une stratégie efficace répondant à des résultats tangibles attendus, résultats qui non seulement glorifient le Seigneur Jésus, mais qui donne la joie aux populations de ces pays-là, comme ce fut le cas lorsque Philippe était descendu à Samarie (Ac8 :8).
« Si mon peuple sur qui est invoqué mon nom, s'humilie… ».

Les prières monteront durant ce grand programme depuis un espace de rassemblement publique ou de façon éclatée, dans des circonscriptions stratégiques du pays.
Un tel programme a un coût, car c'est un investissement humain, matériel et financier qui vaut la peine.
Mais quelque soit le coût, il reste envisageable et réalisable pour vu que les leaders ecclésiastiques se surpassent, soient déterminés en taisant leurs différends, car c'est une question de volonté et d'unité ecclésiastiques nationales.
Ceci est une vision à communiquer à tout leader et ministre ecclésiastique de l'évangile dans chaque pays. Il est ici question de se donner la main d'association pour cette cause nationale commune et non de coloration dénominationnelle. Car la création attend avec un ardent désir, la révélation des fils de Dieu (Rm8 :19). Cette création qui est notre monde qui a été soumis à la vanité, a besoin de délivrance. Et ce sont les filles et les fils de Dieu (des huios), des chrétiens qui ont atteint la maturité et qui ne sont pas des enfants au lait, qui doivent se lever dans l'unité comme un seul homme, pour libérer leur pays dans le nom de Jésus. »
Ceci est une vision que j'ai reçue pendant que je progressais dans la rédaction de ce livre sur la prière. Et ma prière est que cette vision se réalise !

8. Preuves de l'importance de la prière

L'importance de la prière et de l'intercession se mesure dans les réponses que nous donnons à ces questions que nous pouvons nous poser :

- ✓ Pourquoi avoir un groupe de prière pour une entreprise dirigée par des chrétiens ?
- ✓ Pourquoi prier pour son mariage ou le mariage de ses enfants ?
- ✓ Pourquoi prier pour son commerce ?

- ✓ Pourquoi prier pour son voyage ?
- ✓ Pourquoi prier pour son séjour ou son habitation dans un quartier ou une cité ?
- ✓ Pourquoi prier pour ses enfants qui vont à l'école ?
- ✓ Pourquoi prier pour son mari ou sa femme ?
- ✓ Pourquoi prier pour son enfantement ou sa procréation ?
- ✓ Pourquoi prier pour ses projets et ses réalisations ?
- ✓ Pourquoi prier pour ses amis et ses connaissances ?
- ✓ Pourquoi prier pour son village et ses parents ?
- ✓ Pourquoi prier pour sa commune et son pays ?
- ✓ Pourquoi prier pour les autorités de son pays ?
- ✓ Pourquoi prier toujours en famille ?
- ✓ Pourquoi prier pour… et pour… ?

Parce que nous avons besoin de l'intervention de Dieu dans tout ce qui nous concerne, puisque nous ne savons rien et ne pouvons rien sans Dieu, « *…car **sans moi vous ne pouvez rien** faire…* » a dit le Seigneur Jésus (Jn 15 :5).

Dans tous les cas, il ya urgence dans les défis et les enjeux auxquels nous faisons face durant notre existence terrestres. C'est pourquoi nous devons prier.

C-LE CYCLE DE LA PRIERE ET SES CONSEQUENCES

Il importe d'indiquer que la prière, quelque soit sa forme ou son type, à un cycle. Plusieurs prient et ne savent pas que la prière à un parcours à faire avant son exaucement. La prière part d'un point **A** comme une demande et revient au même point **A** (lorsque je prie pour des sujets me concernant directement) ou un autre point **B** (lorsque je prie pour autrui) ou autres points **B** et **C** (lorsque je prie pour plusieurs personnes ou situations), en exaucement.

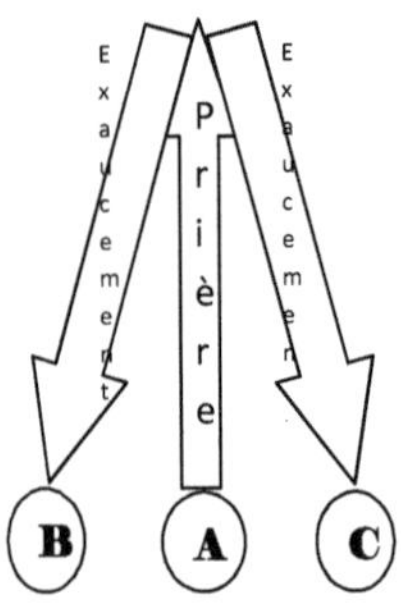

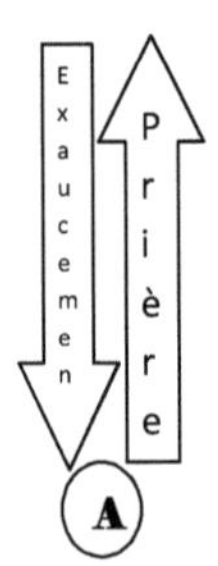

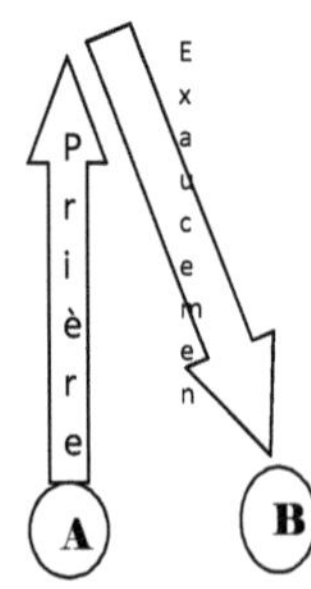

La demande va subir un traitement durant son parcours. La prière a des conséquences sur son objet, c'est-à-dire que si nous prions pour X, nous sommes exaucés lorsque X vit les retombés de notre prière. Quelque soit le temps mis, nos prières nous rattrapent toujours lorsqu'elles sont faites selon la volonté de Dieu (1Jn5 :14-15) (Revoir « **DIEU REPOND A LA PRIERE** en **B** »).

1-Image de la prière

Job révèle que la pluie provient de la terre, car Dieu attire les gouttes d'eau qui s'évaporent et tombent en pluie. Les nuages la laissent couler et, ils la rependent sur la foule des humains (Job36 :27-28), ainsi en est-il de la prière. L'eau va donc être transformée en pluie. La prière des humains ne vient pas du ciel, mais elle part de la terre vers le ciel pour être validée et agréée par Celui qui exauce, afin d'être en bénédiction pour les humains.

2-Processus de la prière (Ap 8 :1-5)

Ici dans ce passage cité, nous avons une parfaite illustration du processus de la prière révélée à l'apôtre Jean lorsqu'il recevait les informations eschatologiques. Voyons ces éléments qui entrent dans le culte vétero testamentaire : autel, encensoir d'or, le siège des décisions.
Le texte nous dit que, un ange se tient sur l'autel avec un encensoir à la main. IL reçoit des parfums pour les offrir à Dieu sur son trône. Les parfums représentent le signe de l'agrément, lorsqu'ils sont mêlés aux prières...

Prières, parfums contenus dans l'encensoir donnent une fumée qui monte devant Dieu.
L'ange prend l'encensoir, le remplit du feu de l'autel et le jette sur la terre. Le cycle de la prière est ainsi tracé.

3- Schéma du processus de la prière

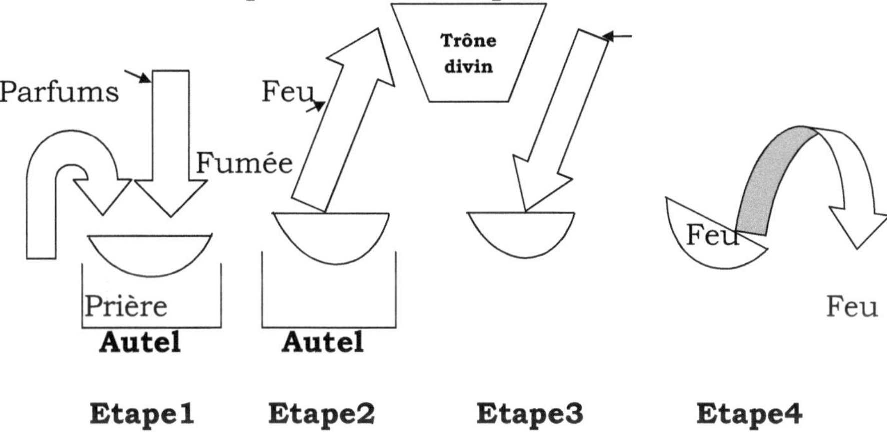

Prière+Parfum⇒Fumée qui monte au trône
Etape 1 : *Les prières mélangées aux parfums sur l'autel*
Etape 2 : *Ce mélange monte au trône divin*
Etape 3 : *Le feu sort du trône suite à l'agrément de Dieu pour l'encensoir*
Etape 4 *Le feu se déverse sur la terre avec ses conséquences mentionnées en Ap 8 :1-5.*

Des tonnerres, des voix, des éclairs et un tremblement de terre, sont les conséquences observées lorsque nous sommes exaucés dans le cas de prière de combat ou de délivrance.
La prière suit donc ce cycle normal lorsqu'elle n'est pas entachée d'obstacles comme le prophète Esaïe le déclare : « *Non, la main de l'Eternel n'est pas trop courte pour sauver, ni son oreille trop dure pour entendre, mais ce sont vos crimes qui mettent une séparation entre vous et votre Dieu; Ce sont vos péchés qui vous cachent sa face et l'empêchent de vous écouter*» (Es59 :1-2).

Dieu donc répond à la prière de son peuple, des saints, des rachetés, pour améliorer les conditions de vie en changeant le cours de l'histoire que les hommes méchants et les démons veulent tracer ou imposer au genre humain.

a) **Exemple de la prière du Seigneur à la croix (**Mt 27 :50-51).

Le cri poussé par le Seigneur n'est pas fortuit. C'est un cri de délivrance, d'intercession qui est codé. Il émet donc un message aux éléments de la nature et à Dieu son père. Il en résulte ceci :

-Le voile du temple se déchira en deux : désormais, l'homme a accès au lieu Très Saint sans intermédiaire humain (la prêtrise). C'est l'accomplissement et l'inauguration de l'adoration en esprit et en vérité dont Jésus parlait à la femme Samaritaine (Jn 4 :10-24). C'est pourquoi l'apôtre Jacques dit : « *Approchez vous de Dieu et il s'approchera de vous...* » (Jn 4 :7)

-La terre trembla (tremblement de terre), conséquence: les rochers se fendirent ; les fonctions de ces rochers fendus sont une usurpation du rocher des âges (Jésus Christ), appui et cachette des croyants, que des imposteurs et méchants se font.

Les rochers se fendirent signifie que la puissance des esclavagistes et des grands de ce monde est brisée.

-Les tombeaux s'ouvrirent pour la résurrection. La mort de Jésus nous donne de passer de la mort spirituelle à la vie dans le Royaume.

Le cri du Seigneur sur la croix suivi de ses conséquences, poussa le centenier et tous ceux qui étaient à la garde de Jésus à attester et confirmer que Jésus n'est pas du commun des mortels ;

« *Il est assurément le Fils de Dieu* » (Mat 27 :54)

b) **Exemple du séjour de Paul et Silas dans la prison de Philippe** (Ac 16 :25-26)

Paul et Silas emprisonnés, ont méprisé leur condition au profit de la puissance et de la fidélité de Dieu. Ils se mirent donc à prier et à louer le Seigneur si bien que le reste des prisonniers les entendait. Conséquences de leurs prières et louanges:

-**Tremblement de terre** entraînant l'ébranlement des fondements de la prison,

-**Ouverture des portes** : ici les portes physiques représentent les portes de succès et de réussite, des portes d'affaires ou de missions (exercice de ministère pour libérer les captifs), de promotion.

-**Les chaînes se détachèrent** : nous obtenons la libération et la délivrance des œuvres ténébreuses sur le plan physique comme spirituel. Nous obtenons la affranchissement des œuvres des ténèbres.

Ces deux exemples de conséquences de prière illustrent très bien la scène d'Apocalypse chapitre 8 verset 1 à 5.

Cela signifie que nos prières ne sont pas gratuites et sans effet. La prière d'intercession peut changer le cours de la vie.

Des rois furent détrônés, des batailles furent remportées, des délivrances opérées par l'effet de la prière des croyants. Soyons donc des intercesseurs aguerris et qui s'attendent aux résultats de leur prière.

4- Conclusion partielle

La prière suit un cycle et produit toujours des conséquences lorsqu'elle est faite sous l'inspiration de l'Esprit de Dieu.

Le Seigneur Jésus a dit de ne point se lasser de prier parce que certainement, pour une catégorie de sujet ou de besoins que l'on a, il faut intensifier la prière.

Les phénomènes qui se produisent lors des prières ne sont pas forcément visibles. Mais, il arrive quelques fois que, lorsque nous prions pour une personne malade, les maux ou la douleur s'aggrave.

En ce moment précis, on ne doit pas arrêter la prière, parce qu'une action a été déclenchée et un processus est en cours. Dans ces conditions, assurément le mal disparaît et la personne est guérie quand nous maintenons l'audace et la pression de la prière.

Nous devons donc nous rassurer que la prière au nom de Jésus n'ait jamais fait de tort, puisqu'elle engage l'image du Seigneur de l'Univers par le Saint Esprit.
Ce qui veut dire que, si une douleur devient intense au cours d'une prière, cette mortification ne vient pas de Dieu, mais du mal en question ou de l'auteur du mal (esprit humain ou démon). En effet, en ce moment précis, la rencontre de l'Esprit de Dieu et celui des démons donnent pour résultat la douleur intensive.
Nous avions prié pour une sœur qui participait pour la première fois à une réunion de prière. Cette dernière tomba en transe ce jour-là pour la première fois. Pourquoi ? Parce que des esprits tutélaires étaient en libre circulation dans sa vie sans qu'elle ou ses parents ne le sachent. Sur sa décision de recevoir Jésus dans sa vie comme son Sauveur et son Seigneur, il eut un conflit entre les démons et sa volonté. Ces esprits avaient pour mandat de détruire sa vie sur le plan matrimoniale et scolaire. Mais échec et mat pour eux ce jour au nom de Jésus ! Elle fut délivrée et est dans son foyer depuis près de vingt ans, gloire à Jésus !
Une autre fois au cours d'une cellule de prière, nous avions connu une telle présence du Saint Esprit pendant la prière que l'onction du Saint Esprit s'est étendue en dehors de la salle où nous étions réunis. Et ma mère qui était malade depuis trois jours de paludisme était couchée là, dehors. Visitée par cette onction manifeste, elle se tint subitement sur ses pieds, avec une telle vigueur dans son corps, et se joignit à nous dans la salle pour louer et glorifier le Seigneur, alors qu'elle ne participait pas à ce moment de prière. Car elle venait d'être guérie instantanément.
Dieu est puissant ! A Lui toute la gloire au siècle des siècles !
Lorsque nous prions, il y a à coup sur un effet. Des phénomènes physiques comme spirituels se produisent autour de nous. C'est une expérience vécue par plusieurs enfants de Dieu à travers le monde.

Les exemples du Seigneur à la croix et, de l'apôtre Paul et Silas dans la prison de Philippe, sont éloquents en la matière.
Cependant retenons que nous sommes responsables et Dieu est souverain dans tout ce qui arrive dans notre environnement et qui nous touche. Soyons des intercesseurs !

Chapitre 3
L'INTERCESSION ET LES DONS SPIRITUELS

Les dons spirituels, ont été de tout temps un équipement de taille pour l'Eglise, Corps de Christ. Les différentes époques de l'histoire de l'Eglise chrétienne ont été marquées par la manifestation de ces dons dans la vie des apôtres, des Pères de l'Eglise, des Réformateurs et des leaders des mouvements de réveil et pentecôtistes.
Il est donc important qu'un mouvement qui se dit de « *Réveil*» ou un comité d'intercession ou de prière ait une connaissance des dons faits à l'église.

✓ **L'ignorance des dons, un mal pour l'église et le chrétien.**

Charles H. Surgeon, célèbre évangéliste du 19ème siècle, racontait qu'un homme avait un chèque encadré et accroché dans son salon, en souvenir d'un inconnu à qui il avait rendu d'énormes services. Ce monsieur en fait ne savait pas lire pour comprendre ce qui était inscrit sur ce chèque comme avantage. Il ne savait même pas que c'était un chèque.
Un de ses amis le visite et lui fait remarquer qu'avec ce papier encadré au mur de son salon, il pouvait retirer une somme importante qui changerait son niveau de vie financier et sociale...Mais malheureusement la validité de ce chèque est passée.
Cette anecdote nous révèle que l'ignorance peut conduire à la misère et même à un désastre.
En effet l'ignorance peut conduire à la catastrophe et à la misère. C'est à juste titre que Dieu dit « *Mon peuple périt parce qu'il manque de connaissance* » (Os 4 :6).
Plusieurs sont ignorants des dons spirituels à la disposition des croyants en Christ.
L'intercesseur doit les connaître et aspirer à ces dons (1Cor14 :1) pour une efficacité dans le ministère.
Les dons spirituels sont au nombre de neuf (9) selon une classification faite par l'apôtre Paul.

A - CLASSIFICATION DES DONS (1 Cor 12 : 1-10)

Il y'a trois catégories de dons comprenant chacune trois dons spirituels.

- Les dons d'inspiration ou dons vocaux ou oraux
- Les dons de révélation
- Les dons de puissance ou de capacité

B- DESCRIPTION ET DEFINITION DES DONS

1-Les dons d'inspiration

a) Don des langues

-Ils se manifestent comme signe pour les incroyants (1Cor14 :22-23/ Ac2 :4) ;

-Ils se manifestent comme langue pour la prière personnelle (1Cor14 :24).

C'est l'aspect dévotionnel des langues.

Le don des langues est une manifestation surnaturelle, qui vient de Dieu. Ces langues parlées ne sont aucunement apprises à l'école, comme le font penser certains.

Etre bilingue, trilingue ou poly lingue n'a rien à avoir avec les dons spirituels des langues.

Lorsque nous parlons en langue, nous nous adressons à Dieu, pas aux hommes ; nous nous édifions nous-mêmes. C'est pourquoi les dirigeants de programmes de prière doivent arrêter de parler dans les micros lorsqu'ils parlent en langue, puisqu'ils ne s'adressent pas aux hommes. C'est incongru et anti-scripturaire !

Mais lorsque nous parlons en langue, notre environnement immédiat est influencé par la présence de Dieu de sorte que même les démons ne peuvent saisir ce que nous disons en ce moment-là. On ne s'efforce pas de parler en langue, c'est un don de l'Esprit.

b) Don d'interprétation des langues

Le don d'interprétation des langues n'est pas une capacité acquise, mais plutôt accordée. Le don d'interprétation des langues ne s'octroie pas par une étude en linguistique.

Il est complémentaire au don des langues ; il intervient lorsqu'il y'a manifestation du don des langues. Le don d'interprétation est la capacité surnaturelle qui vient de

Dieu et qui permet d'interpréter un message dans le langage naturel de la congrégation ou dans sa langue comprise.
Etre bilingue ou trilingue n'a rien à avoir avec ce don.

Témoignage

Un pasteur invita son ami missionnaire à une cellule de prière dans une région de l'ouest de la Cote d'Ivoire. Au cours de la réunion, une veille femme analphabète se mit à parler en langue, et cette langue était de l'Allemand pur. Le missionnaire invité tenta d'interpréter la langue parce qu'il était allemand, lorsque le pasteur le stoppa. Mais un autre membre de la cellule fit correctement l'interprétation en Guéré (langue de la région de la cellule de prière), si bien que ce missionnaire marqué par la nature spirituelle de ce don, confirma le message de la vieille dame à son grand étonnement.

Le don d'interprétation des langues n'est pas une capacité acquise mais plutôt accordée par le Saint Esprit.
NB : Celui qui les imite ou pense enseigner ces langues est profondément dans l'ignorance et blasphème contre Dieu.

c) Don de la prophétie

En des mots très simples, prophétiser c'est prononcer des paroles inspirées qui édifient, qui exhortent, qui fortifient etc... (1Cor14 :3).
Manifester le don de prophétie ne fait pas du tout de nous un prophète. Un prophète est un envoyé de Dieu pour exercer un ministère spécifique. Il doit s'adresser aux autorités, aux rois (exemple d'Elie, de Jérémie, d'Ezéchiel, de Jean Baptiste, etc) et faire prendre conscience au peuple.

2- Les dons de révélation

a) Le don de la parole de sagesse

Le don de la parole de sagesse est une portion, un fragment de la sagesse divine, donné de façon surnaturelle par le Saint Esprit. Elle nous permet de savoir ce qu'il faut faire ou dire dans une situation difficile donnée.

Ce don est différent de la sagesse naturelle et de celle qui est acquise par l'expérience.

Exemples de manifestations

-Le Seigneur Jésus a manifesté ce don lorsqu'il était tenté dans le désert par le Diable (Lc4 :1-13/ Mt4) ;
-Le Seigneur confondit les scribes en manifestant ce don (Lc20 :22-26/ Jn8 :3-11) ;
-Les Apôtres ont pu continuer leur ministère sans dévier grâce à ce don (Ac6 :1-7) ;
-Une crise fut résolue dans l'église primitive par le rôle que ce don jouait (Ac15 :18-20) ;
-L'apôtre Paul contrôle une situation par la manifestation de ce don (Ac27 :23-24) ;
-L'apôtre Paul est rassuré à partir de ce don au sujet d'une menace imminente (Ac18 :9-10).

Remarque: C'est un don promis à tous les disciples du Christ (Lc21 :14-15).

Observation : Ce don est reçu de façon silencieuse dans l'esprit. Il se manifeste au cours du ministère de consultation, de cure d'âme ou de relation d'aide. Il se manifeste également dans la prédication ou dans la prophétie. Il est utile dans la direction et dans l'administration (cas du Roi Salomon).

b) Le don de la parole de connaissance

Le don de la parole de connaissance est une portion, un fragment de la connaissance divine accordé à quelqu'un par le Saint Esprit. Elle a pour origine l'omniscience de Dieu. Cette omniscience est au-delà de tout ce que nous apprenons. C'est une œuvre surnaturelle qui vient de Dieu. Elle n'a rien à avoir avec la connaissance théologique ou biblique ni avec la connaissance académique.
Ce don ne s'acquiert pas en tétant les seins d'une femme, ou en avalant une potion mystique.

Exemples

-Dans le ministère du Seigneur Jésus (Jn1 :47-50 / 4 :18-20) ;

-Dans l'église primitive (Ac9 :10-20) ;

-Le prophète Nathan l'a manifesté (2Sam12 :1-14) ;

-Paul l'a manifesté au sujet d'Ananias et Saphira (Ac5 :3-4,9) ;

-C'est par ce don que Jean le Baptiste a déclaré que Jésus est l'Agneau de Dieu qui ôte le péché du monde (Jn1 :29-34) ;

Plus tard, ce don ne va plus se manifester dans la vie de Jean (Lc7 :19) ; ce qui signifie que les dons spirituels ne sont pas permanents, ni sous notre contrôle (2Sam12 :1-24 /1Rs14 :1-6). On ne les manifeste pas à volonté ni par des pouvoirs occultes.

c) Le don du discernement des esprits

C'est un don important parmi les autres. Il est différent du discernement naturel acquis par instruction.

Le don du discernement des esprits nous permet de pénétrer le monde spirituel afin de reconnaître l'esprit de Satan (le monde démoniaque), l'Esprit de Dieu (le monde divin) et l'esprit humain.

Ce don nous permet de discerner l'origine d'une action, la source d'inspiration d'un enseignement, ou l'atmosphère d'une circonstance.

Ce don fournit des informations (renseignements) qu'il serait impossible d'obtenir autrement et nous permet de comprendre la nature et l'action des esprits.

C'est un don très important eu égard aux contrefaçons de Satan, le Séducteur.

Exemples :

-C'est par ce don que Paul exaspéré, chassa l'esprit de python de la jeune servante (Ac16 :16-18) ;

-Par ce don, le Seigneur Jésus su que la déclaration faite par Simon Pierre n'était pas d'origine humaine, mais divine (Mt16 :13-17) ;

NB : Avoir ce don n'accorde pas toujours la foi nécessaire pour agir.

3- Les dons de puissance ou de capacité

a) **Le don de foi** : il est différent de la foi naturelle ou générale. La foi générale se développe dans la pratique de notre piété.

Le don de foi est la capacité surnaturelle donnée par Dieu à quelqu'un qui doit exercer une mesure de foi extraordinaire. En ce moment précis de la manifestation, Dieu vide le croyant de tout doute constituant un obstacle à la réalisation du dessein de Dieu, malgré les circonstances contraires et contradictoires de la vie. Cette foi est donnée par le Saint Esprit.

Exemples

-Le prophète Elie annonce une sécheresse comme signe de punition du roi Achab, sur le peuple (1Rs17 :1).

Ces dons n'étant pas permanents ni manipulables, Elie n'a pu le manifester à volonté devant la menace d'une femme, la femme d'Achab (1Rs19 :4).

Ce don fonctionne également dans les proclamations. L'apôtre Paul dit : « *J'ai parlé parce que j'ai cru* » (2Cor4 :13)

-Josué a commandé au soleil de s'arrêter (Jos10 :12-14).

-Paul réduisit Elymas le magicien au silence (Ac13 :11).

b) Les dons des guérisons

Lorsque nous lisons ces textes (1 cor12 :9, 28,30) nous comprenons pourquoi on parle des dons des guérisons et non du don de guérison.

L'étymologie grecque que ces trois textes donnent est « *charismata iamaton* » qui signifie les dons spirituels.

Les dons des guérisons fonctionnent de manière surnaturelle, sans le secours de moyens naturels, pour guérir des maladies. En ce moment, la puissance du Saint Esprit s'empare du corps de quelqu'un, dissolvant la maladie et la douleur en vue de guérison.

Ce n'est pas une aptitude médicale naturelle; Le Saint Esprit contrôle tout le corps de l'individu en ce moment. Celui qui a ce don peut guérir par le regard, par le toucher, par la parole, etc.
Il y a abondance des dons des guérisons. On peut avoir du succès avec les aveugles, un autre réussira avec les sourds, un autre encore dans la guérison des cancers, etc.
DIEU dans sa souveraineté peut accorder les guérisons de toutes les maladies à un individu.
NB : Avoir un don de guérison n'implique pas que les maladies seront guéries à tout moment quand on prie pour quelqu'un.

ϖ Les buts des dons des guérisons
-Pour délivrer les malades et ceux qui souffrent (Lc13 :16-17) ;
-Pour prouver que Christ est le Fils de Dieu (Jn10 :36-38) ;
-Pour confirmer la Parole de Dieu (Mc16 :17-20/Ac7 :29-30 et33) ;
-Pour attirer les âmes au message de l'Evangile (Mt4 :23-25) en vue de leur salut ;
-Pour glorifier Dieu (Mc2 :12/Lc18 :43/Jn9 :2-3) ;
Les dons des guérisons se manifestent par la voie normale (le toucher : Mt16 :18) et par les moyens extraordinaires (ombre d'un homme : Ac15, les mouchoirs d'un homme Ac 19 :11-12) et des méthodes inhabituelles (Jn9 :6)

c) Les dons de miracles
Un miracle se produit lorsque Dieu intervient et modifie le cours normal de la nature.
Le don d'opérer des miracles se manifeste lorsque Dieu, dans sa volonté, nous donne la puissance par le Saint Esprit (onction de puissance) de faire quelque chose surpassant la capacité humaine. Cette capacité est donnée à un moment précis et pour un but particulier. Et en tout état de cause, le miracle produit logiquement et manifestement la gloire de Dieu.

Remarque: Tous les dons du Saint Esprit sont miraculeux, mais l'utilisation du mot miracle implique ici des actes de puissance.
Dieu a mis tous ces dons à la disposition de l'église pour opérer dans le surnaturel. Les dons spirituels sont des instruments de la puissance de Dieu le Créateur agissant à travers ses enfants.

Les intercesseurs devront donc faire usage des dons spirituels dans l'exercice de leur ministère en offrant leur foi au Seigneur qui en est le Chef et le Consommateur.
Les dons spirituels ont un mode opératoire qui dépasse l'entendement humain ; ils produisent des résultats surhumains capables de relever de grands défis.
Devant n'importe quelle situation et condition, le MI doit en faire usage lorsqu'il s'adresse à Dieu ou aux esprits, et également aux dispositions très complexes de la nature. Car les dons spirituels annulent les lois de la nature lorsque nous associons notre foi à notre prière. Nous avons plusieurs exemples dans les saintes Ecritures pour nous encourager à cet effet.
Exemples :

- Le défi du Mont Carmel où une démonstration de puissance eut lieu (1Rs18 :30-38) entre Elie et les prophètes de Baal ;
- Les eaux de Jéricho assainies (2Rs 2 :19-22) ;
- L'huile de la veuve de Sarepta (2Rs 4 :1-5) ;
- Le contenu de la marmite a été purifié de la mort (2 Rs 4 :38-41) ;
- La première multiplication des pains dans la Bible (2Rs 4 :42-44) ;
- Le fer qui remonte à la surface de l'eau (2Rs 6 :1-7).

Qu'est-ce qui pousse Dieu à opérer des miracles ? Dieu opère un miracle pour atteindre quels objectifs ?

- Les miracles donnent la preuve de la Toute Puissance de Dieu ;

➢ Ils sont également une preuve de la résurrection de Jésus. Si Jésus n'étais pas ressuscité et vivant, son nom (son autorité, son pouvoir, sa puissance) ne permettrait pas d'opérer des miracles ni de guérir des malades (Ac 4 :33).

Le don d'opérer des miracles, en revanche nous accorde ces différentes attitudes :

° La hardiesse : plus de tonus permettant au croyant de prêcher Christ avec assurance (Ac 4 :29-30). Ce sentiment est l'œuvre du Saint Esprit.

° L'encouragement à la prière (Ac 4 :29-30) ;

° La conviction de péché (Ac 5 :28-33) ;

° Le miracle opéré repend l'évangile (Ac 5 :14-16) ;

Partout où les miracles se sont opérés, des multitudes se convertirent.

Exemples :

° En Samarie (Ac 8 :6) ;

° Au Saron et à Lydde (Ac 9 :42) ;

° A Joppée (résurrection de Dorcas (Ac 14 :8-18) ;

° Le proconsul frappé par un miracle, cru (Ac 13 :6-12) au message de Paul.

Le livre des Actes lui-même se termine par de nombreux miracles (Ac 28 :8-9).

4- Conclusion partielle

L'intercession étant un ministère de foi, prépare le croyant à être dans le mouvement du Saint Esprit, condition incontournable de libération des dons spirituels accordés comme équipement ou mesure d'accompagnement de la Grande Commission.

Lorsque nous intercédons, soit il y a manifestation des dons d'inspiration, soit la manifestation des dons de révélation, soit des dons de puissance. On peut donc vivre au cours d'une séance de prière, une onction d'inspiration, une onction de révélation, ou une onction de puissance.

Ici, onction prend le sens de « *manifestation de la puissance de Dieu* » pour inspirer, révéler et agir.

Lorsque nous intercédons au cours d'une séance de prière, l'Esprit de Dieu peut accorder des révélations permettant des suivre l'évolution des sujets ou savoir la nature de l'exaucement.
Ralph Mahoney rapporte l'histoire de la servante de Dieu Ruth Banks en ces termes : « *Alors qu'elle imposait ses mains sur la tête de chaque personne en priant, c'était une prière pure et prophétique qu'elle faisait si bien que ces personnes se rendaient compte que Dieu connaissait les plus petits détails de leur fardeau, de leur peine et leur tristesse. Elle mentionne dans ses prières des secrets si personnels que les gens commençaient à fondre en larmes* ». Quelle inspiration ! Quelle direction divine dans la prière ! Quelle édification gracieuse !
Seigneur aide nous à nous approcher de Toi et de laisser le Saint Esprit intercéder par des soupirs inexplicables !

***Tazor lanou Adonaï* ! Pour dire en Hébreu : « *Seigneur, aide-nous !* »**

Chapitre4 :
LA CHAMBRE HAUTE ET LA CHAMBRE DES PROPHETES

« *Un jour Élisée passait par Sunem. Il y avait là une femme de distinction, qui le pressa d'accepter à manger. Et toutes les fois qu'il passait, il se rendait chez elle pour manger.*
Elle dit à son mari: Voici, je sais que cet homme qui passe toujours chez nous est un saint homme de Dieu.
Faisons une petite chambre haute avec des murs, et mettons-y pour lui un lit, une table, un siège et un chandelier, afin qu'il s'y retire quand il viendra chez nous ». (2 Rois 4 :8)

Ce récit qui relate non seulement la bienveillante reconnaissance d'une femme dont l'identité est la femme de Sunem mais également la nécessité pour tout homme de Dieu, de se retirer à l'écart.
La compagnie des humains est agréable et surtout celle des personnes spirituelles, mais nous avons besoins de rechercher des temps de tête à tête avec Dieu, afin de l'écouter et aussi de lui parler.
C'est un enseignement que nous voudrions faire passer en évoquant la question de la chambre des prophètes. Le Nouveau Testament fait mention de « *la chambre haute* » et de l'expression « *entrer dans sa chambre* » à dessein.

I- Entrer dans sa chambre

« *Va, mon peuple, entre dans ta chambre, Et ferme la porte derrière toi; Cache-toi pour quelques instants, Jusqu'à ce que la colère soit passée.* » (Es26 :20)
Lorsque Jésus enseigne au sujet de la prière, il dit : « *Entre dans ta chambre, ferme la porte et prie ton Père qui est là dans le lieu secret* ». (Matthieu 6 :6)
Réfléchissons à deux niveaux :

- D'abord, notre relation personnelle avec Dieu doit être une priorité, quelque soit le service ou le ministère que nous exerçons dans l'église. La relation ou communion personnelle avec le Seigneur regarde chaque enfant de Dieu et disciple de Christ.

- Ensuite et d'une manière très particulière, tous ceux qui exercent un ministère spécifique ou les dons spirituels dans les églises, doivent prendre conscience de cette réalité de la relation personnelle avec le Père.

Ce que nous appelons "la chambre des prophètes" dans l'Ancien Testament est une désignation de « la chambre haute » dans le Nouveau Testament, lieu de rencontre personnelle et secrètement intime avec le Seigneur.

1) La Chambre Haute

La chambre haute, est un endroit de la maison qui est souvent présenté dans la Bible comme un lieu de prière. Un endroit élevé, à l'écart, particulièrement adapté ou consacré pour la méditation.

Nous y venons pour prier, pour offrir des actions de grâces et pour adorer. Mais aussi pour nous tenir simplement et tranquillement dans la présence de Dieu, écouter sa voix, entendre sa Parole, car c'est un lieu où Dieu nous parle dans notre intelligence ou notre esprit renouvelé ; c'est pour cela que nous l'appelons la chambre des prophètes, le lieu où Adonaï, ***El Elyon,*** leur parle à l'oreille, leur révélant ses pensées et ses desseins, afin de pouvoir déclarer le « **ainsi parle l'Eternel** ». On ne déclare pas le « **ainsi parle l'Eternel** » par mimétisme, mais plutôt sur la base du **Davar**, la parole entendue.

« *Le Seigneur, l'Eternel, m'a donné une langue exercée, pour que je sache soutenir par la parole celui qui est abattu; Il éveille, chaque matin, il éveille mon oreille, Pour que j'écoute comme écoutent des disciples* ». (Esaïe 50:4)

Si nous voulons être dirigés par Dieu, il est nécessaire d'acquérir la sensibilité spirituelle, l'oreille ouverte, qui nous permet de l'entendre.

En fait, la chambre haute est une image d'une grande réalité spirituelle. C'est un lieu de rencontre et d'intimité dans la présence du Dieu Tout puissant, ***El Shaddai,*** notre Père céleste.

Jésus a dit : « ... *quand tu pries, entre dans ta chambre, ferme ta porte, et prie ton Père qui est là dans le lieu secret; et ton Père, qui voit dans le secret, te le rendra.* » Matthieu 6:6

Jésus parle d'une rencontre personnelle et intime : "dans le secret", et non pas en public. Et son enseignement ne concerne pas uniquement ceux ou celles qui prophétisent.

L'intimité c'est le temps des confidences, de la communion profonde, de la communion de deux âmes qui s'aiment et aiment être ensemble. Il faut voir le séjour dans la chambre haute comme un temps mis à part, un lieu à l'écart, pour entendre surtout la Parole de Dieu, le **Davar**.

Dans la vie ordinaire, l'intimité concerne l'être secret d'une personne, la partie très profonde, son être intérieur.

Être intime avec quelqu'un, c'est être lié, uni étroitement, avoir une relation d'âme à âme, d'esprit à esprit, une communion totale sans intermédiaire.

Deux amis sont ensemble, à l'écart des autres, pour parler, échanger, ou simplement marcher en silence l'un près de l'autre.

La chambre haute est notre lieu de rencontre avec notre Père céleste. Elle peut se trouver n'importe où : à la maison, dans la nature, à la campagne, à la montagne, à la mer, même tout simplement dans notre voiture ou dans un lieu de prière. C'est un endroit et surtout un moment, où nous nous tenons à l'écart dans la présence du Seigneur.

Nous savons que le Seigneur est en tout lieu, il voit tous les êtres humains et il est attentif à toutes nos actions, il connaît même nos pensées.

Venir dans sa présence est une expression qui désigne une démarche intentionnelle de notre part de nous tourner vers lui dans la prière, l'action de grâces, l'adoration ou tout simplement l'écoute de sa Parole.

Le Seigneur discerne notre intention et établit alors une relation spirituelle avec nous qui peut se traduire par le témoignage intérieur de son Esprit. Nous entrons ainsi dans la chambre haute, une fréquence spirituelle et divine, si bien que nous affirmons « *Que ce lieu est redoutable! C'est ici la maison de Dieu, c'est ici la porte des cieux!* » (Gn28 :17).

a) Le Seigneur Jésus et la Chambre Haute

La chambre haute de Jésus se trouvait dans un lieu à l'écart, dans le désert ou sur une montagne :

« *Quand il eut renvoyé la foule, il monta sur la montagne, pour prier à l'écart; et, comme le soir était venu, il était là seul* ». (Matthieu 14:23)
« *En ce temps-là, Jésus se rendit sur la montagne pour prier, et il passa toute la nuit à prier Dieu* ». (Luc 6:12)
« *Et lui, il se retirait dans les déserts, et priait* ». (Luc 5:16)
Le temps de solitude dans la présence de Dieu est très important, il passe avant la parole et l'action publique.
« *Vers le matin, pendant qu'il faisait encore très sombre, il se leva, et sortit pour aller dans un lieu désert, où il pria.*
Simon et ceux qui étaient avec lui se mirent à sa recherche; et, quand ils l'eurent trouvé, ils lui dirent: Tous te cherchent.
Il leur répondit: Allons ailleurs, dans les bourgades voisines, afin que j'y prêche aussi; car c'est pour cela que je suis sorti.
Et il alla prêcher dans les synagogues, par toute la Galilée, et il chassa les démons ». (Marc 1.35-39)

b) Moise et la Chambre Haute

Moïse avait un lieu de rencontre avec l'Éternel :
« *Et lorsque Moïse était entré dans la tente, la colonne de nuée descendait et s'arrêtait à l'entrée de la tente, et l'Éternel parlait avec Moïse. Tout le peuple voyait la colonne de nuée qui s'arrêtait à l'entrée de la tente, tout le peuple se levait et se prosternait à l'entrée de sa tente.*
L'Éternel parlait avec Moïse face à face, comme un homme parle à son ami ». (Exode 33 :9-11)

c) Abraham et la Chambre haute

Abraham savait se construire cette chambre dans différents endroits, pour se tenir dans la présence de l'Éternel, qui se révélait à lui et lui communiquant ses secrets.
« *Abram leva ses tentes, et vint habiter parmi les chênes de Mamré, qui sont près d'Hébron. Et il bâtit là un autel à l'Éternel* ». (Genèse 13:18)
« *L'Éternel lui apparut parmi les chênes de Mamré, comme il était assis à l'entrée de sa tente, pendant la chaleur du jour* ». (Genèse 18:1)

d) Elie et la Chambre Haute

Après le torrent de Kérit, Elie habita une chambre haute chez une veuve de Sarepta, puis il se réfugia dans un rocher. (1 Rois 17 :8 à 24 / 1 Rois 19 :8 à 18)

e) Nathanael et la Chambre Haute

La chambre de Nathanael, se trouvait sous un figuier. « *D'où me connais-tu? lui dit Nathanaël. Jésus lui répondit: Avant que Philippe t'appelât, quand tu étais sous le figuier, je t'ai vu* » (Jn1 :48)

« *Jésus lui répondit: Parce que je t'ai dit que je t'ai vu sous le figuier, tu crois; tu verras de plus grandes choses que celles-ci.* » (Jn1 :50)

f) L'Apôtre Pierre et la Chambre Haute

La chambre haute de l'apôtre Pierre était sur le toit en terrasse d'une maison. (Actes 10:9)

2) Symbole de la demeure ou Présence de Dieu

Les lieux élevés sont un symbole de la demeure de Dieu et de la prière, lorsque notre âme s'élève vers le Seigneur.

« *Quand il eut renvoyé la foule, Jésus monta sur la montagne, pour prier à l'écart; et, comme le soir était venu, il était là seul.* » (Matthieu 14:23).

« *Car ainsi parle le Très-Haut, dont la demeure est éternelle et dont le nom est saint: J'habite dans les lieux élevés et dans la sainteté; mais je suis avec l'homme contrit et humilié, afin de ranimer les esprits humiliés, Afin de ranimer les cœurs contrits* ». (Esaïe 57:15)

Lorsque nous prions, nous entrons dans la présence de Dieu, dans son sanctuaire, devant son trône : « *... nous avons, au moyen du sang de Jésus, une libre entrée dans le sanctuaire* » (Hébreux 10:19)

« *Approchons-nous donc avec assurance du trône de la grâce, afin d'obtenir miséricorde et de trouver grâce, pour être secourus dans nos besoins* ». (Hébreux 4:16)

Dans les lieux élevés se manifestaient souvent les révélations de Dieu.

« *L'Eternel dit à Abram, après que Lot se fut séparé de lui: Lève les yeux, et, du lieu où tu es, regarde vers le nord et le midi, vers l'orient et l'occident; car tout le pays que tu vois, je le donnerai à toi et à ta postérité pour toujours* ». (Genèse 13.14)

« *L'Eternel dit à Moïse: Monte vers moi sur la montagne, et reste là; je te donnerai des tables de pierre, la loi et les ordonnances que j'ai écrites pour leur instruction* ». (Exode 24:12)

« *Mais Élie monta au sommet du Carmel; et, se penchant contre terre, il mit son visage entre ses genoux ...* » (1 Rois 18:42)

« *Environ huit jours après qu'il eut dit ces paroles, Jésus prit avec lui Pierre, Jean et Jacques, et il monta sur la montagne pour prier. Pendant qu'il priait, l'aspect de son visage changea, et son vêtement devint d'une éclatante blancheur. Et voici, deux hommes s'entretenaient avec lui: c'étaient Moïse et Elie, qui, apparaissant dans la gloire, parlaient de son départ qu'il allait accomplir à Jérusalem* ». (Lc9 :28-31)

II- La chambre des prophètes

C'est le lieu où ceux qui prophétisent se tiennent devant le Seigneur afin de l'entendre, de l'écouter et de recevoir sa Parole, le **Davar**, le « **ainsi parle l'Eternel** », plus importante que le « Rhema ».

« *C'est pourquoi ainsi parle l'Eternel: Si tu te rattaches à moi, je te répondrai, et tu te tiendras devant moi; Si tu sépares ce qui est précieux de ce qui est vil, tu seras comme ma bouche* ». (Jérémie 15:19)

« *J'étais à mon poste, Et je me tenais sur la tour; Je veillais, pour voir ce que l'Eternel me dirait, Et ce que je répliquerais après ma plainte* ». (Habakuk 2:1)

Le prophète Élie disait : « *Le Seigneur devant qui je me tiens est vivant ...* ».

Trop souvent nous considérons le don de prophétie uniquement comme une inspiration subite qui se produit au cours d'un culte ou d'une assemblée de frères et sœurs. Mais si nous voulons prophétiser spirituellement et véritablement, nous devons préparer la manifestation de ce don dans la communion quotidienne avec le Seigneur. Cette

relation intime avec Lui, rendra notre cœur plus sensible à la voix du Saint-Esprit pour le « **ainsi parle l'Eternel** ».
La prophétie est le don de transmettre des messages reçus de Dieu, pas de messages imaginaires fonctionnant au rythme des émotions. (1 Corinthiens 12 :10).
C'est l'expression publique de ce que Dieu veut communiquer, la partie visible ou plutôt audible.
Mais Il existe la partie cachée, c'est-à-dire le temps que ceux qui prophétisent passent ou devraient passer avec Dieu dans le secret, c'est-à-dire dans leur chambre. C'est la partie la plus importante. Un iceberg n'a que le tiers de son volume qui parait au dessus de l'eau, les deux autres tiers sont immergés.
Le prophète qui parle de la part de Dieu, doit vivre la plus grande partie de sa vie dans l'immersion en Dieu, c'est-à-dire dans le secret d'une réelle relation avec le Seigneur, selon la parole du prophète : « *Le Seigneur devant qui je me tiens ...* »

a. Notre chambre haute

Prophète ou non, nous sommes tous exhortés à nous approcher de Dieu en nous ménageant des temps de tête à tête avec lui.
« *Faites en tout temps par l'Esprit toutes sortes de prières et de supplications. Veillez à cela avec une entière persévérance, et priez pour tous les saints* ». (Éphésiens 6:18)
« *Daniel se retirait dans sa maison, où les fenêtres de la chambre supérieure étaient ouvertes dans la direction de Jérusalem; et trois fois le jour il se mettait à genoux, il priait, et il louait son Dieu.* » (Daniel 6:10).

Les hommes et les femmes que Dieu utilise efficacement, sont des hommes et des femmes de prière.

- Abraham se tenait régulièrement devant le Seigneur, ainsi que Moïse et tous les prophètes ;
- Siméon et Anne, la prophétesse, homme et femme de prière, avaient acquis la sensibilité spirituelle qui leur permit de reconnaître le Messie dans la personne du bébé que Marie et Joseph présentaient au temple. (Luc 2 :25-38) ;

- Corneille, l'officier romain, cherchait Dieu avec persévérance. En réponse à ses prières le Seigneur lui envoya l'apôtre Pierre pour connaître son salut. (Actes 10)
- L'apôtre Pierre reçut la direction du Saint-Esprit pour se rendre chez Corneille. (Actes 10) ;
- Philippe l'évangéliste reçut la visite d'un ange, puis perçut la vox du Saint-Esprit pour rencontrer le ministre Éthiopien. (Actes 8 :26) ;
- Pendant que quelques hommes priaient à Antioche le Saint-Esprit leur révéla la mission de Paul et Barnabas. (Actes 13).

Puisque nous avons tous, les uns et les autres, une libre entrée dans la présence du Seigneur, recherchons avec persévérance et constance, ces moments privilégiés de sa communion, comme dit le psalmiste :

« *Comme une biche soupire après des courants d'eau, ainsi mon âme soupire après toi, ô Dieu!*
Mon âme a soif de Dieu, du Dieu vivant: Quand irai-je et paraîtrai-je devant la face de Dieu? » (Psaume 42 :1 ,2)

« *Ainsi donc, frères, puisque nous avons, au moyen du sang de Jésus, une libre entrée dans le sanctuaire, par la route nouvelle et vivante qu'il a inaugurée pour nous au travers du voile, c'est-à-dire, de sa chair, et puisque nous avons un souverain sacrificateur établi sur la maison de Dieu, approchons-nous avec un cœur sincère, dans la plénitude de la foi, les cœurs purifiés d'une mauvaise conscience, et le corps lavé d'une eau pure.* » (Hébreux 10:19,22)

Nous remarquons que les chambres hautes de la Bible, ont souvent été le lieu d'une manifestation particulière de l'Esprit de Dieu :

- C'est dans une chambre haute qu'Élisée pria afin que l'enfant de la sunamite ressuscite ;
- C'est dans une chambre haute que Jésus institua la Sainte-Cène ;
- Lorsque les 120 disciples étaient réunis dans la chambre haute, le Saint-Esprit est descendu sur eux.

Chapitre 5
CONCEQUENCES DE L'INTERCESSION

L'intercession en tant qu'exercice et action spirituels, accorde des retombés dans le sens de l'amélioration de notre condition de vie et notre communion avec Dieu.
Mais lorsqu'elle est pratiquée comme activité et ministère, elle produit des effets spirituels et physiques dans notre environnement et sur nous-mêmes.
Nous allons donc, dans ce chapitre voir deux de ses conséquences de même que les caractéristiques qu'un intercesseur devait avoir.

1- Les inconvénients

Il n'y a pas, à proprement parler d'inconvénient lorsque nous constatons les fruits de ce ministère dans la vie des uns et des autres ; délivrances, guérison, conditions de vie changées, transformation, déblocages, miracles, etc.
Par ailleurs, considérant les dégâts causés dans le monde spirituel, nous pouvons évoquer l'idée « *d'inconvénients* », mais plutôt d'inconvénients légitimes au profit des humains. Des occultistes peuvent connaitre des accidents ou même perdre la vie, des structures ou organisations mystiques peuvent disparaitre ; il peut avoir des retours à l'envoyeur de sorts jetés.
Mais au-delà de ces effets contre le royaume des ténèbres, qui sont en fait un des buts visés de l'intercession, nous avons les attaques en retour et les effets collatéraux.

a- Les attaques en retour

Nous ne devons pas ignorer que nous sommes dans une arène de guerre ou de bataille spirituelle, et que, en matière de guerre (de libération), il y a des ripostes. Ce n'est pas un plaisir pour le Diable d'être dénoncé, expulsé et chassé.
Le fait même de dire la vérité, la prédication et la dénonciation nous engagent dans une logique de guerre. Mais nous devons le faire pour le salut des âmes. C'est pourquoi, au début du ministère prophétique de Jérémie, le

prophète fut attaqué pour le fait de dénoncer les mauvaises actions du peuple et de ses chefs.
Lorsque nous considérons le ministère du prophète Elisée en faveur d'Israël en 2Rs 6 :8-18, nous pouvons comprendre comment l'intercesseur est la cible du camp adverse.
Le roi de Syrie envoie chercher le prophète Elisée (2Rs 6 :13-14) parce que ce dernier est un obstacle à ses stratégies militaires pour avoir Israël et son roi (2Rs 6 :11-12).
Le Diable peut donc se lever contre notre état physique (santé), notre condition sociale (travail, étude, promotion, etc.), situation matrimoniale (mariage, enfantement, entente conjugale, relation parent-enfant, etc.), vie spirituelle (assoupissement, décroissance spirituelle, séduction spirituelle, péché, etc.)

NB : Le fait d'être attaqué en retour dans ses domaines n'implique pas une défaite et ne devrait pas nous conduire à nous retirer de l'armée des intercesseurs. Au contraire nous devons être sure qu'ils nous ferons la guerre et être convaincus qu'ils ne nous vaincront pas (Jér1 :19).

g- Les effets collatéraux.

Les effets collatéraux sont en fait les conséquences de l'intercession sur la vie de nos proches incrédules ou non repentants.
Plusieurs de nos proches refusent délibérément le salut que Dieu veut offrir lorsque nous intercédons. Soit ils sont victimes des ripostes des puissances des ténèbres à cause du combat mené, ou soit qu'ils sont frappés du fait de leur refus de la main que Dieu leur tend.
Dans ce cas, c'est Dieu lui même qui agit dans sa souveraineté.
Eu égard à toutes ces conséquences, l'intercesseur doit avoir des caractéristiques. Nous verrons ces indices avant d'aborder le sous thème suivant.

2- Les avantages

L'intercession est l'un des investissements spirituels qui rapporte dans ce siècle présent et celui à venir. C'est une bénédiction que renferment les avantages de ce ministère.

a- L'intercession développe la vie de prière

Celui ou celle qui intercède développe une vie de prière. Il va donc suivre un programme et une discipline établies par lui-même ou inspiré par le Saint-Esprit surtout que le Saint Esprit est associé à cette tâche comme, non seulement inspirateur et agent (Rm 8 :26), mais également comme conseiller (Jn 16 :7).

Daniel avait une discipline de prière. Nous ne savons pas combien de temps il passait dans la prière, mais ce que la Bible nous donne comme précision, c'est qu'il priait trois fois par jour (Dn6 :11).

Plus nous intercédons, plus nous avons une vie de prière.

b- L'intercession rapproche de Dieu.

Ce facteur de rapprochement nous fait connaître la pensée de Dieu (Jcq 4 :8). C'est d'ailleurs une recommandation scripturaire. Lorsque nous sommes proches de Dieu, nous recevons des révélations personnelles et notre communion demeure stable et glorieuse.

c- C'est un exercice de piété

Celui qui intercède en se rapprochant de Dieu développe une vie pure et sanctifiée, puisqu'il est en contact régulier avec Dieu. La rencontre avec Dieu nous impose de nous préparer spirituellement en ce sens que nous devons purifier nos mains, nettoyer nos cœurs (Jq 4 :8b).

d- Nous sommes exaucés (voir le cycle de la prière)

e- L'intercession procure des récompenses (Mt16 :27/2Cor5 :10)

Nous recevons des récompenses au Tribunal de Christ. On est récompensé après un travail. Les récompenses sont un mérite alors que le salut ne se mérite pas. C'est pourquoi il ne faudrait pas confondre la doctrine du salut et celle des récompenses!

Celui qui recevra une récompense au Tribunal de Christ sera forcément sauvé, alors que celui qui sera sauvé ne recevra pas forcément de récompense, à moins que son œuvre ne soit de l'or, de l'argent et des pierres précieuses.

3- Caractéristiques d'un intercesseur

Le combat et la bataille dans lesquelles nous sommes engagés ne respectent aucune règle humaine ni spirituelle.
L'ennemi peut nous surprendre à tout moment et nous pouvons en faire autant.
Lorsque nous lisons le texte de Jérémie 1 :11-19, nous remarquons une caractéristique de Dieu symbolisé par l'amandier ; c'est la **vigilance** (Jér1 :11) :
a) La vigilance, car Dieu veille sur sa parole pour l'exécuter. Ce qui signifie que l'intercesseur doit se surveiller et veiller sur sa vie. La vigilance est une vertu qui doit caractériser l'intercesseur. Il doit donc faire attention à tout mouvement spirituel dans sa vie.
Exemple : Ne jamais laisser un cauchemar nous inquiéter en se laissant emporter par des scènes de lamentation. Dès qu'un mauvais rêve est fait, nous devons réagir vigoureusement pour le repousser avant de vaquer à toute autre activité. Par exemple, lorsque vous avez une morsure de serpent, une poursuite d'animaux ou d'humains avec une machette, et que vous vous réveillez en sursaut, ne perdez pas le temps à vous morfondre ou a réfléchir, engagez la riposte immédiatement. Vous apprendrez des nouvelles !
La vigilance est très utile pour le discernement des pièges et tentations du Diable qui rode autour de nous cherchant qui il dévora (Jq 4 :7)
b) La promptitude : Lorsque Gédéon devait aller au combat, Dieu lui demande de procéder à la sélection de la troupe qui sera apte. Et un des critères de choix visés par Dieu est la promptitude (Jges7 :6). La promptitude est ici indiquée par le fait de laper l'eau en la portant à la bouche directement avec la main. La promptitude est un indicateur de vigilance.
L'intercesseur ne doit pas traîner les pas ; il doit agir immédiatement et urgemment.

c) Ne point trembler: Il faut ceindre les reins et ne point trembler était un des indices de capacité de ceux qui devrait libérer Israël sous la direction de Gédéon (Jer1 :17).

d) Ne pas être craintif (Jge7 :3) : celui qui a peur tremble. Il n'est pas stable psychologiquement ni solide spirituellement. Cette peur peut être de nature psychologique (émotion déséquilibrée au niveau de notre âme), nature spirituelle (au niveau de notre esprit).

e) Faire confiance au Seigneur. (Es41 :10,13-14)

La confiance en tant abandon total à Dieu en se remettant à son verdict.

f) Pratiquer la foi (Hb11 :6).

Relire le B du Chapitre 3 au sujet de la foi.

g) Etre rempli d'amour : On ne peut pas être dans les ténèbres et être efficace en intercession. Or celui ou celle qui n'a pas l'amour est dans les ténèbres (1Jn2 :9-10).

h) Rechercher les qualités qui étaient dans la vie du Seigneur (Hb7 :26).

C'est poussé par amour que le Seigneur est descendu de son trône pour s'offrir en sacrifice pour nos péchés (Jn3 :16).

On ne peut avoir de la haine pour quelqu'un et prier pour lui en réalité; c'est un mensonge et une hypocrisie sorcière de le faire ou même de penser ainsi. Celui qui n'aime pas n'a pas connu Dieu or l'amour est concret lorsqu'il agit (1Jn 4:7-10).

CONCLUSION

L'intercession est la fonction d'un intercesseur. Pour aimer le faire, nous devons comprendre l'importance et les effets de ce ministère dans notre vie.

Lorsque nous observons et étudions la vie du modèle par excellence en matière de prière, le Seigneur Jésus, nous sommes frappés par des faits.

Le Seigneur Jésus fit des exploits durant son ministère terrestre. Il pouvait travailler toute la journée sans s'épuiser avec une « santé de fer ». Son secret de bonne santé et d'équilibre mental réside dans sa vie de prière. Nous pouvons le constater dans le récit biblique tiré de Luc 4 :31-44 et Marc1 :21-39.

Jésus avait un programme très chargé, plus que tout autre pasteur, prophète, apôtre, évangéliste, docteur aujourd'hui.

Voici par exemple son programme d'une journée :

-Il enseignait le jour du sabbat à Capharnaüm (Lc4 :31),

-Il chassa un démon d'un homme tout juste après son enseignement (Lc4 :35), c'est cela une véritable démonstration de puissance comme l'a dit l'apôtre Paul (1 Cor4 :20) et Pierre et Jean l'ont pratiqué (Ac3 :1-10),

-Il guérit la belle-mère de Simon qui se mit à les servir à l'instant (Lc4 :38-39 / Mc1 :31),

-Une grande séance de délivrance et de guérison l'attendait ce même soir, ou tous furent délivrés et guéris (Lc4 :40-41 / Mc1 :32-34).

Sachons ceci : enseigner prend du temps et demande un effort intellectuel. Chasser les démons et prier pour les malades nécessitent de la vigueur et de l'onction spéciale.

En réalité, on ne peut pas suivre un tel programme et avoir une santé équilibrée. C'est pourquoi la médecine recommande en pareille situation un repos biologique ou physique. Mais alors pourquoi Jésus a-t-il pu se maintenir et continuer son ministère certainement sans congé, jusqu'à sa mort ? Quel est le secret du Maître Jésus ?

Lisons ceci : « *Vers le matin, pendant qu'il faisait encore sombre, il se leva et sortit pour aller dans un lieu désert ou il se mit à PRIER* » (Mc1 :35).

Comment expliquer que quelqu'un qui travaille toute une journée, depuis le matin jusqu'au soir après le coucher du soleil (Mc 1 :32) puisse avoir une telle vigueur et exercer un ministère puissant sans relâche durant 3 ans pour le salut de l'humanité ? Le secret est tout simple : la prière. Combien sommes-nous aujourd'hui qui ne prions pas et sommes écrasés par toute sorte d'occupations, de soucis et d'inquiétude ? L'apôtre Paul ne disait-il pas de faire connaître nos besoins par des prières et des supplications, avec des actions de grâce (Ph 4 :6)?

Combien sommes-nous qui, aujourd'hui, cherchons des programmes de repos ou voulons profiter des congés pour nous reposer sans PRIER ?

Le repos du Fils de l'homme se trouve dans la prière, un point c'est tout ! Il a Lui-même dit : « *Le Fils de l'homme n'a un lieu où il puisse reposer sa tête* » (Mat8 :20/Lc9 :58).

A cause de sa communion de prière avec le Père, Il pouvait déclarer : « *Pour moi je savais que tu m'exauce toujours...* » (Jn11 :42a) et sortir d'un sommeil physique pour menacer les intempéries de sorte à ce qu'elles obéissent au Maître (Lc8 :24). Quel enseignement et quelle audace !

La prière demeure donc une activité spirituelle qui s'impose à nous si nous voulons être en bonne santé, vivre longtemps, entretenir une intimité avec le Père pour un ministère efficace.

C'est pourquoi nous devons apprendre à intercéder et nous efforcer à le faire.

Cela s'impose à nous d'autant plus que l'église doit fonctionner, vivre et faire la mission dans un monde d'oppositions, d'attaques meurtrières qui plongent plusieurs dans une mauvaise qualité de vie chrétienne. Les pasteurs et les leaders devront encourager la mise en place de comité d'intercession et veiller à leur effectivité pour le bonheur et la victoire communautaires. Non seulement ils doivent encourager la mise en place de ces comités, mais devraient avoir une vision nationale et régionale de l'intercession.

L'heure est venue où, dans un élan du Corps de Christ à l'échelle nationale ou régionale, les forteresses démoniaques

de la magie, de la franc-maçonnerie et toutes formes d'occultisme doit être brisées et renversées.
Que les leaders ecclésiastiques des pays africains, européens, occidentaux et asiatiques taisent leur divergence et s'unissent pour mettre hors d'état de nuire tous les programmes d'incrédulité, de misère et de mort que le monde occulte et ses agents humains conduisent.
Que celui ou celle qui lit ce livre commence à prier pour que le cœur de son leader soit favorable et disposé à ce réveil par l'intercession !
A nos marques pour l'intercession !
Que le Seigneur nous aide dans ce sacerdoce afin que nous ayons, non seulement une sacrificature d'un bon niveau, mais encore un ministère de taille et efficace à la gloire de Dieu notre Père.

Références bibliographiques

1-LES PRIERES DANS LE NOUVEAU TESTAMENT – René De Groot

2-LA PUISSANCE DE LA PRIERE DANS LA NOUVELLE ALLIANCE –Francis Frangipane

3-POURQUOI PRIER SI DIEU SAIT DEJA ? – Douglas Kelly

4-LES PRIERES QUI LIBERENT LE CIEL SUR LA TERRE - John Eckhardt

5-PUISSANCE DE LA PRIERE (LA): INCROYABLE! - Alexander David S.J.

6-PRIERE OPERE DES MIRACLES (LA)-Anton Helga

7-PUISSANCE PAR LA PRIERE-Bounds Edward Mckendree

Bibliographie

DEJA PARRUS
1- « Approches pour une intercession efficace »
2- « Pais mes brebis »
3- « Manifestation d'affection et relations sexuelles dans le mariage »
4- « L'impacte de l'Eglise sur la société »

PROCHAINES PARUTIONS
1- « Précis de démonologie »
2- « Le ministère de chantre restauré »
3- « Les cinq ministères apostoliques »
4- « La justice vue par Dieu »
5- « De l'Appel à l'exercice du ministère »
6- « La vérité au sujet du ministère de Docteur »

INFORMATIONS IMPORTANTES

Pour votre formation comme pasteur, prophète, docteur, apôtre ou évangéliste, moniteur d'école du dimanche, ancien, diacre, etc...

Inscrivez-vous à l'ESOM (Ecole de Spécialisation à l'œuvre du Ministère) !

ESOM (Ecole de Spécialisation à l'Œuvre du Ministère)
+225 09533816
www.missionmcc.net
E-mail : formationesom@gmail.com

Pour votre Ministère dans les hôpitaux comme MDH (Missionnaires Des Hôpitaux) en Cote d'Ivoire
MCC (Mission de la Compassion de Christ), s'agissant de :

1. Visite des hôpitaux
2. Prière pour les malades
3. Prière pour le personnel soignant
4. Dons aux hôpitaux
5. Règlement d'ordonnance des malades
6. Couverture spirituelle des hospitalisés

Vous êtes attendus au numero suivant : +225 46755982
Ou visitez notre site :
www.missionmcc.net
E-mail : missionnairemcc@gmail.com

Printed by Books on Demand GmbH, Norderstedt / Germany